아타미의
거리 활성화

로컬
리노베이션

———

이 책은 2021년 대한민국 교육부와 한국연구재단의 지원을 받아 수행한 연구

결과다. (과제번호: NRF-2021S1A3A2A01096330)

서강대학교 SSK(Social Science Korea) 지역재생연구팀은 2018년부터 교

육부(한국연구재단) 지원으로 지역창업과 중간지원조직을 중심으로 지역변

화의 가능성을 연구하고 있다.

아타미의
거리 활성화

로컬
리노베이션

이치키 고이치로 지음 | 윤정구·조희정 옮김

더가능연구소
THE POSSIBILITY LAB

차 례

제3장 | 거리 활성화는 '거리의 팬 만들기'부터

제4장 | 리노베이션 거리 활성화

거리 활성화 비즈니스로
마을을 재생시킨다

50년간 쇠퇴했던 아타미의 V자 회복

쇠퇴한 아타미가 V자 회복을 했다. 2014년 무렵부터 미디어는 아타미의 회복에 주목했다.

수도권 근교 온천지로 번성했던 아타미는 고도경제성장기 이후 서서히 쇠퇴하여 버블경제●가 붕괴한 세기말부터 2000년대에 걸쳐서 온전히 자취를 감췄다.

1960년 아타미의 료칸과 호텔의 총숙박객 수는 530만 명이었지만, 2011년 246만 명으로 반 이상 줄었다.

그러나 그로부터 4년 후 2015년 308만 명이 되어 단기간에

● 일본의 버블경제는 1986년부터 1992년 사이에 진행되었다. (역주)

20% 이상 급증했다. V자 회복을 한 것이다.

아타미가 이러한 재생을 이룬 데는 몇 가지 외부 요인이 있다.

우선 한때 번영을 지탱하던 대형 온천호텔이 폐업한 뒤 저렴한 가격으로 묵을 수 있는 호텔이 차례로 만들어졌다. 고객의 니즈 변화를 파악하고 급성장한 관광호텔 그룹이 아타미에도 형성된 것이다. 버블경제 붕괴 후의 긴 불황과 글로벌 경제위기 때문에 여행 형태가 많이 변했다. "싸고, 가깝고, 짧게" 가는 근거리 단기 여행이 늘었다. 이런 니즈를 반영하여 기존에 있던 아타미의 대형 온천호텔들은 적당한 가격으로 묵을 수 있는 호텔 체인으로 바뀌었다.

두 번째 요인은 2007년부터 정년을 맞은 단카이 세대(団塊, 전후 세대)의 아타미 이주가 늘어났다는 사실이다. 차례로 별장이 지어지고, 여관과 호텔이던 곳은 리조트 맨션으로 바뀌었다. 아타미에 새로운 주인이 늘었고, 관광에 의한 경제 활성화가 아니라 거리의 주인이 늘면서 내수 확대가 발생했다.

그러나 이 두 가지 외부 요인만으로 아타미 재생이 이루어진 것은 아니다.

관광백서에도 수록된 민간의 힘

2017년 관광청이 발행한 관광백서에 아타미는 대표적인 관광 재생 사례로 수록되어 있다. 그리고 행정과 민간 플레이어들의 노력과 시행착오를 설명하면서 다음의 3가지 성공 요인을 꼽았다.

① 재정위기 등 위기의식 공유, 관광 전략에 관한 합의 형성
② 관광산업 종사자들이 통일성 있는 프로모션의 필요성에 공감하며 젊은 층을 타깃으로 설정
③ 의욕이 충만한 민간 플레이어가 개인 편의성이 높은 숙박 시설 리모델링과 콘텐츠 제작

세 번째 요인에 관해서는 이런 설명도 덧붙였다.

"민간 기반으로서 관광산업 종사자는 바뀐 여행 스타일 수요에 맞춰 시설 리모델링을 했고, 귀향한 유턴자*는 비영리법인을 만들어 매력적인 콘텐츠를 만들었다. 이처럼 기존 관광산업 종사자와 유턴자 중심으로 새로운 플레이어를 끌어들여 행정의 관광지역 만들기 기반을 지원하고 연대하면서 아타미가 새롭게 태어나고 있다."

여기에서 '유턴자가 설립한 비영리법인'은 우리들의 조직인 비영리법인 아타미스타(atamista)를 말한다. 관광백서는 우리들의 활동에 관해서도 다음과 같이 상세하게 설명했다.

● U턴(U-turn, 고향 농촌 → 도시 → 고향 농촌으로 이동), J턴(J-turn, 농촌 → 도시 → 다른 지역 농촌으로 이동), I턴(I-turn, 도시 → 농촌으로 이동). (역주)

— 비영리법인이 지역의 매력적인 콘텐츠 만들기
— 지역의 거리, 농업, 역사 등의 자원을 살려 주민, 별장 소유자,
  관광객을 위한 체험 교류형 이벤트 사업('온타마' 사업) 제공
— 비영리법인에서 파생된 ㈜마치모리(machimori)가 지역 중
  심상점가의 빈 점포를 리모델링하여 카페, 게스트하우스 등
  을 운영

이것들은 모두 우리가 진행한 마을 재생 시도였고, 이를 국가
가 공식적으로 인정한 것이다. 즉, 민간의 작은 활동으로도 마을이
바뀔 수 있다는 것이다.

비즈니스 방법을 이용한 민간 주도의 거리 활성화

'비즈니스 방법을 이용하여 거리를 활성화한다.'

내가 민간 입장에서 지역재생을 위해 결정한 접근법을 한마디
로 정리하면 이렇다. 거리 활성화를 위한 민간기업을 만들어 마을에
재투자하고 사업을 키우고 외부 자본을 유치하여 경제순환을 만들
어내는 일을 목표로 한다.

평일에 관광객으로 넘쳐나는 아타미역 앞

'지역에서 뭔가 하고 싶다. 지역 커뮤니티를 재생하고 싶다. 지역 문화를 미래세대에 물려주고 싶다. 지역의 자연을 지키고 싶다.'

물론 이런 마음도 매우 중요하다. 그러나 마을 경제와 마주하지 않고서는 쇠퇴하는 마을을 다시 태어나게 하는 것 자체가 불가능하다.

그렇다고 경제적으로 접근한다면서 단순히 인구를 늘리고 관광객을 늘리면 그만이라는 식으로 접근하는 것도 맞지 않는다. 지역의 매력을 높여도 경제적 실력을 갖추지 못하면 지속적인 마을 번영은 불가능하기 때문이다.

비즈니스로 거리를 활성화한다 해도 행정의 지원과 연대는 필수다. 행정만이 할 수 있는 역할이 있다. 그러나 행정은 거리 활성화의 주체가 아니다. 우리의 거리는 스스로 만드는 것이기 때문이다.

그리고 행정은 돈벌이에 익숙하지 않다. 원래 관광과 거리 활성화 분야는 거리에서 수입이 발생하고 그 수입이 세금이 되어 그걸로 복지와 교육 등 행정 서비스가 가능해지도록 하는 것이다. 그러므로 거리 활성화는 어디까지나 민간 주도로 진행되어야 한다.

'자기 삶을 스스로 만들듯 자기가 사는 거리도 스스로 만든다.'

우리가 중요하게 여기는 것은 이 점이다. 우리의 활동을 지속 가능한 발전으로 이어나가려면 돈 문제가 정말 중요하다.

아타미 거리를 리노베이션

전국에 쇠퇴 위기를 겪는 수많은 지방처럼 내가 사는 아타미에도 셔터 거리*가 늘었다. 중심가에는 10년 이상 셔터를 내린 점포가 늘어서 있고 지나는 사람도 거의 없었다.

우리는 빈 점포 천지인 아타미의 중심가를 부활시키고 싶었다. 그 방법으로는 '리노베이션 거리 활성화 방법'을 썼다.

● 셔터 거리는 영업하지 않아서 셔터가 내려져 있는 점포가 많은 불황인 거리를 의미한다. (역주)

리노베이션을 단순히 건물을 리모델링하는 것으로 혼동하는 경우도 있지만, 원래 리노베이션은 단순히 오래된 것을 다시 새롭게 만드는 게 아니라 새로운 가치관으로 오래된 것을 바꿔 새로운 매력을 만든다는 의미다.

리노베이션 거리 활성화는 유휴 자원을 활용하며 새로운 가치관을 만들고 거리를 재생하는 일이다. 즉 거리 고유의 문화를 살려 오래된 것에 새로운 가치를 부여하려는 새로운 발상을 하는 사람들이 주도하는 경제활동이다. 리노베이션을 통해 거리의 문화와 매력을 늘리고, 주민 스스로 생활을 즐기게 되어 내수가 확대되고, 외지인이 늘어 수입이 증가하는 것을 목표로 한다.

즉 스스로 거리의 문화를 고치고 매력을 높여 경제력을 키움으로써 지속가능한 형태로 거리를 새롭게 만든다는 사고방식이다.

그 과정에서 가장 중요한 것은 새로운 가치를 만들어내는 사람이라는 존재다.

리노베이션 거리 활성화 과정에서 가장 관건은 새로운 가치관으로 오래된 점포를 살릴 수 있는 사람들을 불러들이는 일이었다. 그래서 이런 모토를 걸고 사람을 모았다.

"창의적인 30대가 선택하는 거리가 되자."

우선 빈 점포를 리노베이션하여 카페를 오픈하고, 지역의 매력 있는 사람들을 불러들여 교류의 장을 만들었다.

그러자 새로운 프로젝트에 이끌려 지역의 재미있고 의욕 있는 사람들이 모이기 시작했다. 외지의 재미있는 청년이 묵을 수 있는 게스트하우스를 열자 그곳을 거점으로 거리에 사람이 모였고, 이주하는 사람도 나오기 시작했다. 이러한 움직임을 보고 이 거리에 입점하고 싶다는 사람이 늘기 시작했다.

그렇게 아타미의 거리는 바뀌기 시작했다.

관광업계나 행정, 상점주 들도 우리가 제창한 '리노베이션 거리 활성화'에 찬성하며 적극적으로 지원하고 협력해 주었다.

행정기관, 관광협회, 상공회의소, 료칸조합, 상점가, 찻집, 음식점, 기념품 가게 주인, 비영리기관, 시민활동단체 그리고 아타미에 이주한 고령자들, 청년, 농부, 어부… 이런 다양한 분들의 이해와 협력, 지원으로 우리의 활동이 이어질 수 있었다.

종종 "어떻게 그렇게 많은 사람을 모았어요?"라는 질문을 받는다. 답이 될지 모르겠지만, "큰 비전과 작은 한 걸음"이라고 대답하곤 한다. 이 모든 현상이 갑자기 이루어진 것이 아닐뿐더러 하나하나 계단을 오르는 것처럼 한 발 한 발 나가다 보면, 점점 많은 사람과 새로운 거리를 만들 수 있다.

거리의 팬이 와서 서포터가 되고 그 서포터가 플레이어가 되는 것처럼 거리의 일꾼도 차례로 생기기 시작했다.

전국 어디에서도 할 수 있는
비즈니스로 거리 활성화하기

이 책은 아타미에서 전개한 우리의 활동을 소개한다.

비즈니스 방법으로 거리를 활성화하는 것은 아타미뿐만 아니라 전국 어디에서나 가능하다. 예전 아타미의 쇠퇴는 전국의 지방 쇠퇴와 같은 구조로 일어났기 때문이다. 우선 아타미의 쇠퇴는 전국의 온천 관광지 쇠퇴와 같은 원인으로 진행되었다.

고도경제성장기에 성행하던 단체 관광과 기업의 위로 여행이 급감했고, 개인과 가족 단위 여행이 주류가 되면서 기존 온천 관광지는 고객의 니즈에 부응하지 못했다. 이 같은 현상이 아타미뿐만 아니라 전국 온천 관광지에 공통으로 나타났다.

아타미 중심가는 사람 하나 없는 셔터 거리가 되었다. 비단 온천 관광지가 아닌 전국 지방 도시에서도 모두 나타난 현상이었다.

셔터 거리로 상징되는 지방 쇠퇴에 관해 지금도 종종 인구감소 때문이라고 말한다. 그러나 실제로 지방 활성화 현장에서 뛰는 사람들은 인구감소 문제보다 거리의 매력이 부족한 것이 그 원인임을 깨닫게 되었다. 우리의 생각도 그렇다. 그래서 그 해결책으로 셔터 거리를 리노베이션하기로 한 것이다.

이런 활동은 막연히 행정이나 상점에서 시도할 수 있는 것이 아니다. 먼저 깨달은 사람이 해야 한다. 나도 상가들이 문제가 있음을 깨달은 다음부터 시작했다. 물론 혼자 할 수 있는 일은 아니다. 그러나 한 사람이라도 시작은 할 수 있는 일이고, 계속 그렇게 이어지다 보면 거리가 바뀐다.

부디 우리의 경험이 여러분의 거리 활성화에 도움되길 비란다. 지방은 반드시 바뀔 수 있다.

제1장

폐허처럼 변해버린 지역

아타미는 50년 후 일본의 모습

지금 전국에 지방 쇠퇴가 이어지는 거리가 있지만, 그중에서도 아타미는 일본의 미래를 미리 보여주고 있다. 인구감소율과 고령화율이 전국 평균보다 50년 앞선 곳이다.

세계 속의 일본은 과제 선진국으로 불리지만, 일본에서도 아타미는 특히 과제가 심각한 '과제 선진지'다.

도쿄에 가깝고 유명 온천 관광지가 있음에도 많은 과제를 안고 있다. 아타미에서 일어나는 일은 미래에 다른 지역에서도 일어날 일이다.

구체적인 수치를 보자.

우선 인구감소 문제. 일본 전체 인구가 감소하기 시작한 것은 2000년대에 들어서면서부터였지만, 아타미는 이미 반세기 전부터 인구가 감소하기 시작했다.

1960년대 아타미 인구는 54,000명이었지만, 어르신들의 이야기에 따르면 당시에는 실제로 주민등록을 아타미에 옮기지 않고 산 사람도 많았다고 한다. 실제 인구는 7~8만 명 된 셈이다.

그런데 도쿄 올림픽 다음 해인 1965년을 정점으로 그 이후 50년 동안 계속 줄어들고 있다. 그리하여 2015년에 정점기의 2/3인 38,000명으로 줄어들었다.

다음은 고령화 문제. 지금 전국 고령화율은 27%지만, 아타미는 이미 45%이고 매해 1%씩 늘고 있다. 아타미 시내에서 가장 고령화율이 높은 지역은 무려 70%로 주민의 3/4이 65세 이상 고령자다.

세대별 인구증감을 보면 40대 이상은 늘고 있지만, 20대와 30대는 줄고 있다. 고령자가 늘고 청년이 줄어드는 이유는 고령자들은 아타미로 이주하지만, 청년층은 아타미를 나가기 때문이다. 그렇게 고령화율이 급속도로 늘고 있다.

이어서 빈 점포 문제. 일본 전국의 평균 빈 점포 비율은 13%지만, 아타미는 14%다. 아타미 인구는 38,000명인데 주택도 38,000채여서 수치만으로 보면 아타미에서 태어난 아이는 그 순간 자신의 집을 갖게 되는 셈이다.

그러나 이 수치에는 시내에 많이 존재하는 리조트 맨션의 빈집이나 빈 별장이 들어있지 않다. 별장에 매주 오는 사람은 극소수고 몇 개월 동안 오지 않는 사람이 더 많다. 한 번도 안 온다고 해도 이상하지 않은 상황이다.

그렇게 사람 없는 별장까지 포함하면 실제 빈집은 50%를 넘는다. 전국 최고 수치다.

인구감소, 고령화율, 빈집 비율에 더해 높은 생활보호자 비율,

낮은 출생률, 높은 미혼율, 심지어 40대 사망률은 시즈오카현 내에서 1, 2위를 다투는 상황이다.

이런 현실은 일본의 미래가 아닐까. 이런 수치를 모르는 사람들조차 지역의 어두운 미래를 피할 수 없다며 포기할 정도다.

그러나, 이런 상태의 아타미도 한때는 꽤 잘 나가던 지역이었다.

일본 최고 온천지였던 전성기

한때 아타미는 일본 최고의 온천 관광지였다.

1960년대 중반부터 70년대 전반까지 숙박객 수가 500만 명을 넘었다.

나는 그런 번영의 시대에서 조금 지났지만, 그래도 아직은 방문객이 많은 시기였던 1979년 1월 아타미의 모모야마라는 지역에서 태어났다.

아타미역 뒤편의 모모야마 지역은 기업 휴양소와 별장이 많은 곳이었다. 우리 부모님이 관리인으로 일하던 은행 휴양소도 그곳에 있었다.

내 초등학교 시절은 마침 버블경제기여서 일본 전체가 호경기로 들끓었다. 휴양소는 항상 북적거렸고 활기찼던 것을 기억하고 있다. 많은 연회가 있어서 단체 손님이 마작하는 곳에서 마작을 가르쳐준 기억도 있다. 근처의 다른 별장과 기업 휴양소도 같은 모습으

1970년대 아타미 긴자(아타미 시립도서관 소장)

로 항상 많은 사람으로 북적였다.

아타미의 기업 휴양소는 그때가 전성기였다. 아타미는 대기업 본사가 집중된 수도권에서 보면 위로 여행과 휴양 장소로 제격인 가까운 온천지였다. 기업들도 여유가 있어서 수많은 휴양소를 지었다.

내가 있는 모모야마뿐만 아니라 시내에도 언제나 사람들이 많았다.

중심가인 긴자거리 역시 마찬가지였다. 내가 태어나기 전인 1950, 60년대의 아타미는 매주 주말이 보행자 천국이어서 사람이 너무 많아 어깨를 부딪치며 걸을 정도로 혼잡했다고 한다.

순식간에 쇠퇴한 90년대

1990년대 들어서 중학생이 되었을 때 버블경제가 붕괴했다. 그때부터 거리는 급속히 쇠퇴했다. 급속도로 줄어든 관광객이 유타카를 입고 거리를 활보하는 모습 정도만 드물게 보였다. 누가 보더라도 불경기였다.

아직 중학생이었던 나나 아타미의 어른들도 위기감은 없었던 것 같다. 최고조의 전성기는 아니지만 그때만 해도 단체 손님이 있었으니까. 그런 분위기에 쐐기를 박은 것이 지진이었다.

1990년대 전반에는 매해 이토연안에서 산발적으로 지진이 발생했다. 관광객들은 점점 아타미를 멀리하기 시작했다.

1994년 봄, 나는 시즈오카현립 니라야마고교에 진학했다. 지진은 멈췄지만 이제 손님들은 더 이상 아타미로 돌아오지 않았다. 당시 나는 인적 없는 쓸쓸한 거리 풍경을 보면서 불안했다.

"아타미가 점점 쇠퇴해 간다. 어떻게 하지 않으면 안 되는 상황이다."

기억이 없지만 동창생은 당시에 내가 그런 말을 집요할 정도로 매일 했다고 알려주었다. 버블 붕괴 후 한신·아와지 대지진(1995년 고베 지진)과 지하철 사린가스 사건(1995년)이 일어난 때였다.

그 후 야마이치증권과 홋카이도 타쿠쇼쿠 은행이 파산했다.

일본 경제에 적신호가 울린 것이다. 사회가 휘청거리며 무너지는 것 같은 느낌이었다. 아타미에서도 여기저기 료칸이 문을 닫았다. 누구누구가 야반도주했다, 자살했다는 말이 많이 들렸다. 수년 만에 거리가 폐허처럼 변했다.

휴양소 폐쇄

1997년 나는 고등학교를 당시 도쿄도립대학, 지금의 수도대학 도쿄에 진학했다. 고2까지는 성적이 변변찮았는데 고3 때 물리학에 빠져버렸다. 아인슈타인처럼 100년 후에 세상을 바꾸는 물리학자가 되고 싶다고 생각했다. 물리 성적이 많이 오른 덕분에 2차 시험에서 물리 성적만 보는 도립대학에 들어갈 수 있었다.

도립대학은 도쿄 하치오지에 있었지만, 1학년은 아타미에서 통학했다. 신칸센을 타고 신요코하마에서 갈아타 편도 1시간 반 거리를 통학했다. 꽤 긴 통학 시간이었지만 아타미에 애착이 있었기에 괜찮았다.

대학에 다니면서 아타미라는 지역을 누구나 다 알고 있다는 사실을 알게 되었다. 어느 현에 있는지는 몰라도 이름은 분명히 알고 있었고, 아타미에서 왔다고 하면 모두 관심을 보여서 괜히 어깨가 으쓱했다. 아마도 그때부터 내 정체성과 아타미가 강하게 연결된 것인지도 모르겠다.

그래도 왕복 3시간 통학은 역시 힘들어서 2학년부터는 대학 근처에서 하숙했다. 2학년이 끝날 즈음 고향에 돌아왔을 때 부모님이 충격적인 뉴스를 전해주었다.

내가 태어나고 20년간 살아온 지역에 있는 아타미의 휴양소가 폐쇄된다는 것이었다. 소유자인 은행이 버블 붕괴 후의 긴 불황을 견디지 못하고 폐쇄를 결정한 것이다.

버블 붕괴의 여파로 고향을 떠나다

이전에도 징조는 많았다.

모모야마 지역은 눈에 띄게 쇠퇴하여 근처 휴양소 폐쇄가 이어졌다.

휴양소는 내가 어렸을 때가 전성기여서 1989년 아타미 시내 전체에 544개 휴양소가 있었다. 하지만 버블 붕괴 후 기업이 자산 처분을 했고, 130개 정도만이 남았다.

그 쓸쓸한 모습을 보며 불안했다.

그 당시 부모님이 휴양소 관리인을 맡던 은행 또한 버블로 악전고투했다. 불량채권을 가진 도시은행들은 합병했고, 그 후에는 같은 용도의 시설을 정리하는 수순이었다.

시설이 중첩된다는 이유로 폐쇄 또는 매각되는 일이 잦았다. 그렇게 1999년 부모님이 관리하던 휴양소가 폐쇄되었다.

그 후 부모님은 요코하마시의 사원 숙소를 관리하게 되었고, 우리 가족은 요코하마로 이사 갔다. 나고 자란 고향집은 없어졌다.

처음으로 해외여행을 가기 직전인 1999년 20살 때의 일이었다. 해외여행에서 유럽을 여행하며 일본과 다른 사회의 풍요로움과 여유를 느끼고 돌아왔던 때였다. 이제 고향에 머물 곳이 없다는 걸 체감했다. 그리고 큰 호텔이나 료칸이 속속들이 폐쇄되는 걸 보면서 이런 생각을 했다.

'큰 건물이나 외부에 의지하는 거리는 취약하다. 작더라도 지역에 뿌리내린 사람과 사업을 만들지 않으면 거리는 몇 년 안에 폐허가 된다.'

관광 의존 체질이 변했다

이미 말한 것처럼 한때 전성기였던 아타미는 반세기에 걸쳐 쇠퇴했다. 숙박객 수는 반으로 줄었고, 인구도 약 2/3로 격감했다. 전국의 온천 관광지도 같은 사정이다.

왜 일본의 유명 온천 관광지는 전부 쇠퇴하는 걸까.

기존형의 관광에 머물러 있는 것이 그 이유의 하나다.

전성기였던 1960년대 중반에는 단체 여행이 주류였다. 그러나 1990년 초반부터 단체 여행객이 줄기 시작하여 2000년 이후에는 급감했다.

"대형 료칸과 호텔은 건물 안에 온천부터 음식, 오락, 기념품까지 모두 있기 때문에 손님들이 거리로 나가지 않는다." 흔히 기존 온천 관광지 쇠퇴 원인으로 자주 이야기되는 것이다.

옛날 기업의 위로 여행이라면 맞는 분석일 수 있다. 역에 도착하여 셔틀버스로 료칸에 가서 온천을 즐기고, 연회장에서 식사하고 술 마시고, 2차로 가라오케에 갔다가 다음 날에는 바로 셔틀버스를 타고 떠난다.

아타미는 도쿄에서 가까워서 1박 하면서 친목 연회를 하기에 최적인 입지였으니까.

실제로 예전에 방문했던 사람들은 "옛날에 아타미에 자주 갔지만 거리에 나간 적은 없었고, 어디서 묵었는지도 생각나지 않는다"라고들 한다.

그런데 2000년대 들어서 고객이 원하는 것이 바뀌었다. 예전처럼 그저 료칸이나 호텔에 묵는 것으로는 만족하지 못하는 시대가 되었다. 여행에서 어떤 체험을 할 수 있을지를 묻는 시대가 된 것이다.

거리의 매력을 원하는 손님들

관광객이 원하는 것은 일상생활에서 경험할 수 없는 새로운 체험이다.

온천이라는 요소는 일상에 없는 것이지만 전국에 온천은 많으므로 그것만으로 충분한 매력이라고 할 수는 없다.

손님을 불러들이는 중요한 요소는 거리 그 자체의 매력이다. 료칸에만 머무는 것이 아니라 어느 거리에 가는지가 중요하다. 매력적인 거리를 걷고 거리를 느끼는 체험을 원하는 사람들이 많다.

그런데 얄궂게도 아타미의 거리는 예전에 단체 손님으로 북적거리던 때와 비교해서 완전히 매력을 잃어버리고 말았다.

"옛날에는 그런대로 북적거리는 거리였지만, 지금은 손님에게
제발 와서 보시라고 할 곳조차 없다."

2000년대 료칸과 호텔 관계자 들은 이런 푸념만 늘어놓았다.

예전 같은 단체 관광, 환대형 연회가 아니라 개인과 가족 체험이나 교류형 관광을 원하는 사람들이 많아졌다. 이것이 아타미를 포함한 온천 관광지 쇠퇴의 근본적인 원인이다. 과거와 같은 방식으로 1박에 2만 엔(약 20만 원)을 내는 사람은 줄어들었다.

좀 더 품격 있고 향토 요리도 제공하는 료칸에 숙박하는 것보다 식사를 포함하지 않는 싼 숙박 시설에 머물며 숙박지 밖에서 관광과 음식에 돈을 쓰고 싶은 사람이 늘어난 것 같다.

물론 개인과 가족 여행이 늘어서 값싼 관광호텔 체인에 숙박하는 경우도 있다. 식사 포함 1박 2일에 1인 7,800엔이고, 식사와 술은 무한 리필하는 코스다. 아타미에도 이런 패키지를 잘하는 곳이

있다.

상인들은 그런 값싼 방식으로는 언젠가 질리게 될 것이라고 걱정한다. 한편 값싼 요금으로 불러들인 손님이라도 이 지역에 오지 않는다면 거리에 악영향을 미칠 것이라고 걱정한다.

따라서 온천 관광지의 부활은 저가로 사람을 불러들이는 데 그치는 것이 아니라 거리의 매력을 높이는 쪽이 본질이다.

지역 활성화 전문가인 기노시타 히토시*는 앞으로 지방 관광은 관광객 수보다 관광 소비 총액을 중시해야 한다고 말한다. "10만 명이 1,000엔을 쓰는 관광에서 1,000명이 10만 엔을 쓰는 관광으로 전환"하여 작은 지역의 현실적인 관광산업을 수립하고, 지방 문화와 라이프 스타일로 벌어들이는 것이 새로운 지방 관광의 모습이라고 주장한다.

나도 기노시타의 의견에 공감한다. 학생 때부터 이 거리의 변화를 피부로 체감했고, 그 후 다른 지역을 여행하면서 과거 방식의 재생은 결코 성공할 수 없다고 느꼈다.

시대 흐름에 따른 관광의 변화나 고객 니즈의 변화에 효과적으로 대응하지 못해서 아타미를 포함한 일본 각지의 온천 관광지는 쇠퇴해 버렸다. 아타미의 경우에는 한때 크게 번영한 것이 오히려 발목을 잡아 변화 시기를 놓친 면도 있다.

아타미에 살면서 거리를 걸어보면서 이렇게 느꼈다. 단순한 1

● 기노시타 히토시(木下斉)는 『마을 만들기 환상(まちづくり幻想)』의 저자다. (역주)

박 연회 여행으로는 제대로 이 거리의 매력을 알 수 없다. 씹으면 씹을수록 맛이 느껴지는 매력과 살고 싶고, 자주 찾고 싶고, 길게 체류하고 싶은 이 지역만의 매력이 있다. 새로운 사람들이 다시 새로운 방식을 시도하면 지역재생이 가능할 것이다.

이것이 아타미 재생의 원점을 고민하는 나의 생각이었다.

제1장에 소개한 성공 요인

- 거리의 역사와 상태를 알고 본질적인 문제 파악.

- 손님의 니즈 변화 파악.

- 여행 체험에 대한 기대가 높아지는 시대.

- 사람들을 불러들이는 중요한 요소는 거리 그 자체의 매력.

- 환대 연회형 단체 여행에서 개인과 가족의 체험·교류형으로 여행 방식 변화.

- 앞으로의 지방 관광은 관광객 수보다 관광 소비 총액이 중요.

제2장

민간 주도 거리 활성화로 지역재생

고향에 집착하는 이유

쇠퇴해 버린 아타미를 살리고 싶다.

아타미에서 나고 자란 나는 고향을 떠나면서도 그런 생각을 계속했다.

아타미의 상가에서 자라지도 않은 내가 그토록 아타미의 재생에 집착하게 된 데에는 두 가지 체험의 영향이 있었다.

하나는 아타미의 축제다. 매해 7월 15, 16일에 '아타미 고가시 축제'가 열린다. 수령 2천 년 된 고목이 있는 파워 스폿으로 유명한 기노미야신사(来宮神社)의 행사다.

이날에는 지역 내외의 많은 청년이 모인다. 점심에 미코시*, 밤에는 30개나 넘는 다시**가 각 마을에서 나와 뜨거운 밤을 이룬다.

나도 이 축제에 계속 참여했다. 대학생 때 시험도 안 보고 참가했고 취직하고 나서도 매해 참가했다. 거리가 하나가 된 듯한 느낌,

---

● 미코시(神輿)는 제례 때 신위를 모시고 메는 가마를 의미한다. (역주)
●● 다시(山車)는 축제 때 끌고 다니는 장식한 수레를 의미한다. (역주)

쇠퇴해 가는 속에서도 열띤 강렬한 기억… 이 체험을 하지 않았다면 이 정도의 애착은 형성되지 않았을 것 같다.

또 다른 이유는 부모님과 조부모님이 지역에 깊은 인연이 있었다는 사실이다. 부모님이 관리하던 은행의 휴양소는 원래 별장이었다. 그 별장 관리인은 외조부모였다. 내 어머니는 그 별장에서 나고 자랐다.

아버지는 22살에 어머니와 결혼했는데 한동안 자식이 없었다. 아버지는 도쿄에서 나고 자랐지만, 1970년대 전반부터 후반에 걸쳐 나고야의 금융기관에 근무했다. 그런데 1977년 조부모님이 정년으로 휴양소 관리를 그만하게 되어 부모님이 그 일을 이어받았다.

그로부터 2년 뒤 내가 태어났다. 부모님이 결혼한 지 12년 만이었다. 그리고 3년 뒤에는 여동생이 태어났다. 부모님에게는 기쁨의 연속이던 시기였다.

나는 이런 이야기를 스무 살 때 들었다. 만약 부모님이 아타미에 살지 않았다면 지금의 나는 없었을 것이라는 느낌이 들었다. 부모님은 아이가 태어나서 그대로 관리인을 하기로 결심한 것이다.

그로부터 약 20년 후 내가 대학생이 되어 아타미를 떠나게 된 순간 이번에는 부모님이 아타미에서 요코하마로 이사 가야 했다. 어쩌면 부모님을 아타미에 묶어둔 것은 나라는 존재였는지도 모른다.

적어도 내 아버지가 아타미의 거리와 깊은 인연을 맺은 것은 사실이다. 내가 중학생일 때 아버지는 적극적으로 PTA(학부모회) 활동에 참여했다. 또한 아타미에 장외경마장 건설 계획을 수립할 때는

PTA 사람들과 함께 선두에 서서 반대운동을 하는 등 거리의 일에도 관여했다.

그런 활동을 적극적으로 해왔기 때문인지 휴양소 폐쇄 때문에 아타미와 헤어지던 날, 주민들이 성대한 송별회를 열어주었다.

언젠가 고향으로 돌아가자

대학 졸업 후 대학원에 진학했다. 그러나 물리학자가 되려는 마음은 약해졌고, 바로 사회에 진출하고 싶었다.

그 계기는 휴양소 폐쇄 직전에 떠난 인생 최초의 해외여행 때문이었다. 여행하면서 '좀 더 여행하고 싶다, 좀 더 여러 가지 경험을 하고 싶다'고 생각하게 되었다.

낯가림이 심해서 사람과의 교류는 서툰 편이었지만, 여행하며 해외를 돌면서 시야가 넓어졌다.

그렇다고 해외 경험을 통해 고향에 정착하게 되리라고는 생각지도 못했지만, 그 후로도 인생의 부족한 점이 느껴지면 언제나 여행을 떠났다.

대학교 3학년 때는 아버지의 고향 가고시마에 갔었고, 대학원 때에는 혼자 도호쿠 일주를 했다.

대학원 2년 차에 PWC컨설팅이라는 외자회사에 입사가 결정되었을 때는 월드컵 포르투갈전을 보러 한국에도 갔다.

일본은 풍족한 환경이라고 생각하고 있었지만, 해외에서 돌아와서 본 일본은 만원전차에 시달리는 생활 등 풍요로움과는 거리가 멀게 느껴졌다.

내가 정말 하고 싶은 게 뭘까 고민하면서 '역시 언젠가는 고향에 가자'라는 생각이 깊어졌다.

여행하며 느낀 고향의 가능성

입사가 결정되던 시기는 컨설팅 업계의 구조조정이 시행되던 때였다. 한때 '빅 세븐'으로 불리던 대형 컨설팅 회사들이 합병하고, 내가 입사하기로 한 PWC컨설팅도 그해 가을에 합병되어 IBM비즈니스 컨설팅 서비스(현 일본IBM)로 바뀌었다.

IBM비즈니스 컨설팅 서비스는 4월과 10월 중에 선택하여 자유롭게 입사할 수 있었다. 바로 일하고 싶은 사람은 4월을 선택했지만, 나는 10월을 선택하고 반년 동안 여행했다.

태국과 인도를 둘러보고 기차와 버스를 타고 튀르키예부터 포르투갈까지 여행했다. 특히 인도에서는 1개월 정도 머물렀다. 인도 사람들이 인생 최후의 장소라고 하는 바라나시의 갠지스강 강가에서 망자를 태우는 것을 보며 가치관이 바뀌었다. 그 후에 귀국해서 든 생각은 '왜 모두 필사적으로 자신을 감추며 살아가고 있을까?'였다.

나를 포함한 대부분 일본인이 주위 눈치를 보며 자신의 진정한 마음을 감추고 살아가고 있다는 걸 그때 처음 자각했다.

처음에는 모범생처럼 살아온 나의 문제인가 생각했지만, 이건 내 문제일 뿐만 아니라 사회 전체의 문제라는 생각이 들었다.

'이 사회에 만연한 폐쇄성을 깨트리고 싶다.'

이런 마음을 품고 10월 IBM비즈니스 컨설팅 서비스에 입사했다.

이대로는 도시도 지방도 미래가 없다

입사한 후 6개월 동안 보험회사 기간 업무 시스템을 만드는 프로젝트와 시스템 엔지니어 일을 했다.

매일 컴퓨터 화면을 보며 일하면서 누구를 위해 일하는 것인가 하는 생각에 일이 즐겁지 않았다.

'이 시스템을 만들면 누가 행복해지는 걸까?'

이런 의문이 머리에서 떠나지 않았다. 매일매일 왜 일을 해야 하는가를 고민했다. 매일 회사와 집을 오가는 생활에 시야가 좁아졌기 때문인지도 모른다.

개인적으로 힘든 경험도 있었다. 친구가 자살했다.

'그 녀석은 왜 죽었을까. 왜 나는 죽지 않을까?'

그런 잡념으로 반년을 지내던 어느 날 갑자기 이런 생각이 들었다.

'대단한 이유로 사는 것은 아니다. 그냥 살아 있는 것일 뿐. 인생은 빠르든 늦든 반드시 끝난다. 그렇다면 하고 싶은 일을 하자.'

내가 하고 싶은 일 그것은 역시 고향의 재생이었다. 그러나 바로 귀향하지 않았다.

1주일 휴가를 얻어 미얀마를 여행했다. 지금 생각하면 6개월에 한 번씩 1주일 이상 휴가를 얻어 해외여행을 할 수 있었던 좋은 회사였다.

미얀마에서 현지인들의 소박한 삶을 접하면서 막연하게 이대로 미얀마에 살아도 좋겠다는 생각도 했다.

'도쿄에서 계속 지금처럼 살고 싶다, 지금의 생활과 일을 버리고 일본을 떠나 해외에서 살고 싶다 혹은 고향에 가고 싶다'는 생각에 혼란스러웠다. 생각에 생각을 거듭했다.

그러다가도 '무슨 한가한 고민이냐'는 생각도 들었다.

동남아시아나 인도 등의 여행지에서 만난 사람들 대부분은 해외여행을 갈 정도의 경제적 여유는 없었다. 미얀마에서 만난 포르투

갈 직원은 월급이 10달러라고 했다. 반면 나는 대학원까지 교육받았고, 취직하고 싶은 곳에 들어가서 좋은 월급을 받고, 자유롭게 해외여행을 다니며 하고 싶은 대로 살고 있었다. 아시아에서 만난 사람들이 손에 쥘 수 없는 삶이었다. 그런데 내가 그들의 삶을 동경하고 부러워하는 것은 모순이라고 느꼈다.

아무리 미얀마가 좋은 곳이더라도 이대로 발전하면 경제발전을 하면서 좋은 의미든 나쁜 의미든 언젠가 일본처럼 될 것이다. 사람들은 열심히 살겠지만, 미래에 행복해지지 않는다면 결국 불행해지는 것은 매한가지 아닌가. 즉, 내가 미얀마에 산다고 해도 해결되는 것은 아무것도 없는 셈이다.

그리하여 결론이 나왔다.

'가까운 곳부터 바꾸자. 고향을 바꾸고 싶지만, 나는 아직 그런
능력이 부족하다. 지금 회사에서 할 수 있는 일부터 시작하자.'

컨설팅 업무의 보람과 한계

그런 문제의식을 회사에서 실천해 갔다. 일본 경제는 발전했지만, 마음의 병이 깊은 사람도 있고 일을 한다고 반드시 행복해지는 것도 아니다. 우리 회사 직원 역시 마찬가지였다. 사람을 행복하게 하는 일자리 찾기가 절실하다.

이런 생각을 회사 동료들에게 말하면 귀 기울여 들어주는 사람도 있었지만, "나는 보람도 느끼고 행복해. 그렇게 병든 사람만 가득한 것이 아니야. 불만만 말하지 말고 열심히 일해서 성과를 내도록 해"라고 충고하는 사람도 있었다.

그럴수록 나는 구체적인 프로젝트로 이 문제를 해결할 순 없을지 궁리했다. 그때 동기가 어떤 프로젝트가 있다며 참여를 권했다. 워크 스타일 혁신 프로그램이었다.

IBM비즈니스 컨설팅 서비스는 사원이 일을 찾아 제안하고 응모하는 시스템이 있었다. 마침 프로젝트 모집이 있어서 바로 응모했고 채택되었다. 그렇게 2005년 7월부터 다음 해 3월까지 9개월간 규슈 후쿠오카현에서 기업 워크 스타일 혁신 프로그램에 참여했다.

워크 스타일 혁신은 내가 일하던 회사가 1990년대부터 주도적으로 해온 프로그램이었다. 종이 문서를 없애고 디지털로 정보를 공유하고 프로젝터와 모니터를 활용한다. 고정석을 없애고 자유석으로 사무실을 운영한다. 생산성 향상과 일 방식의 다양화를 위해 그렇게 한 것이다.

이때 처음으로 일이 재미있다고 느꼈다. 일의 성과도 나왔고, 보람 있고 소중한 경험이었다.

사람의 의식을 곧바로 바꾸기는 어렵지만, 하드웨어 변화를 통해 사람의 행동을 바꾸고 행동 변화를 통해 사람의 의식이 변할 수 있다는 것을 경험했다.

어느 정도 성과는 있었지만, 최종적으로 기업 혁신까지는 이르지 못했다. 개인적인 역부족 탓도 있었겠지만, 궁극적으로 컨설팅 회사는 클라이언트 기업의 비전 범위 밖의 일은 하기 어렵다는 것을 통감했다.

나의 미션을 깨달은 잇신쥬쿠

일자리 혁신 프로젝트를 할 때는 정말 보람을 느꼈다. 고객의 기대에 120% 응대하면서 성과를 냈고, 그 성과를 바탕으로 더 큰 일도 맡았다. 내 제안이 받아들여지는 과정 자체가 기쁨이었다.

'이 일로 이렇게 즐거울 수 있다면, 내가 하고 싶은 고향에 대한 일을 테마로 프로젝트를 만들 수 있지 않을까.'

그때부터 내 경력을 고향의 거리 활성화에 어떻게 연결하면 좋을지 궁리하기 시작했다. 공공정책과 공공경영을 배우고 싶어서 대학원에 원서도 냈다. 그러나 잘되지 않았다. 계속 현장에서 실천하며 배울 수 있는 곳을 찾았다. 그렇게 해서 발견한 곳이 잇신쥬쿠(一新塾)*였다.

잇신쥬쿠는 세계적 컨설턴트로 유명한 오마에 겐이치가 나라

● 쥬쿠(塾)는 일반적으로 학생들이 다니는 학원 혹은 기숙사 등을 의미하지만, 사회인을 대상으로 할 때는 일정 교육 콘텐츠를 갖춘 아카데미를 의미한다. (역주)

를 바꿀 인재를 육성하고자 창설한 쥬쿠다.

정치가, 사회적 창업가, 자원봉사자 등 어떤 식의 활동을 하든 주체적 시민으로서 풀뿌리에서 사회를 바꾸는 플레이어를 육성하는 것이 목적이다. 1990년대 중반 생긴 이래 잇신쥬쿠는 수많은 창업가와 정치가 등을 배출했다.

매주 수요일 밤에 현역 정치가와 사회를 변화시켜 온 창업가 등의 강의가 있었고, 함께 프로젝트를 병행했다. 프로젝트 참여자는 발표를 하고, 충분한 참여자를 모집하면 바로 프로젝트를 실행했다. 조언과 컨설팅을 받으며 1년간 프로젝트를 진행했다.

나는 아타미 거리 활성화를 테마로 프로젝트를 제안했다. 다행히 7명의 참여자가 모여서 프로젝트는 성사되었다.

거리 활성화 사업으로 아타미를 바꾸자

회사 일을 하면서 잇신쥬쿠 활동을 병행하는 것은 꽤 힘든 생활이었다. 당시 회사에서는 간사이에서 대학 조직 개혁과 업무 개혁 프로젝트를 했기 때문에 쥬쿠가 있는 도쿄와 간사이를 매주 신칸센으로 다녔다.

일주일의 반을 간사이와 도쿄에서 지내는 상태는 체력적으로도 무리였다. 그 와중에 좋았던 것은 도쿄와 간사이 사이에 도카이도 신칸센 아타미역이 있는 것이었다. 왕복 도중에 아타미에 들를 수 있었기 때문이다.

잇신쥬쿠 활동을 통해서 갈고 닦은 프로젝트의 미션은 '100년 후에도 풍요로운 삶을 살 수 있는 아타미(거리)를 만든다'였다. 그러기 위해서는 거리를 바꾸는 플레이어를 많이 늘려야 했다.

우선 주민 의식을 바꾸고 언젠가 거리의 창업가를 육성하고자 했다. 즉 아타미의 미래를 책임질 창업가 등 플레이어를 늘려 거리를 바꾸고자 했다.

잇신쥬쿠 활동을 하기 전까지는 다른 방법을 생각하고 있었다. 그때는 거리 활성화는 행정과 정치에 의해서만 가능하다는 생각이 컸다. 그래서 30대 전에 아타미에서 창업하고 회사를 성공시켜 아타미시청 정도 규모의 회사를 경영하고, 39세에 아타미 시장이 되어야겠다는 계획을 세웠다.

거리를 바꾸려면 정치가가 되어야 한다고 생각한 것이다. 이런 내 생각을 깨트려 준 것이 당시 잇신쥬쿠 이사인 가타오카 마사루(片岡勝)였다. 가타오카는 1980년대 중반에 은행에서 근무하고 여러 명의 창업가를 육성한 사람이다.

> "정치만 사회를 바꾸는 것은 아니다. 비즈니스 방법으로도 가능하다. 그 수단은 창업이다."

가타오카의 영향을 받으면서 내 생각도 변했다. 정치가보다 창업 쪽이 내 적성에도 맞았다. 그래서 비즈니스 방법을 거리 활성화와 연결해 아타미를 바꾸자고 생각하게 되었다.

고향에 집중하기 위해 사직하다

당시에 비즈니스 방법을 이용한 거리 활성화 방법은 일반적인 것이 아니었다. 거리 활성화를 주장하는 사람들은 그저 "언제 정치가가 될 거야?"라는 말을 들었던 분위기였다.

잇신쥬쿠에는 이미 사회 창업 코스가 있었다. 나도 그 코스를 수강했다. 그 후 리먼 쇼크와 동일본 대지진 등이 발생하면서 비즈니스 방법을 통해 사회 과제를 해결하는 사회적 기업, 사회 창업가 혹은 소셜 안트러프러너(entrepreneur)라는 말이 점차 확산되었다.

회사 업무와 잇신쥬쿠 프로젝트를 병행하는 생활이 반년이 지났을 무렵, 내 머릿속에는 아타미 프로젝트 비중이 점점 커져 회사 업무를 압도하게 되었다. 아타미 일만 너무 생각한 탓에 회사 업무가 손에 잡히지 않았다.

이렇게는 일도 제대로 못 하고 회사에 폐만 끼친다고 생각하면서도 아타미 프로젝트를 줄이려는 마음은 전혀 없었다. 오히려 아타미에 전념하고 싶은 것이 솔직한 심정이었다.

물론 회사에서도 배우고 싶고 경험하고 싶은 일이 있었고, 그 무렵이 연봉 인상 시기여서 수입이 없어지는 것에 대한 걱정도 있었다.

2주 동안 사표를 내고 귀향하는 것을 고민했다. 그때 아내 하루코(治子)의 말을 듣고 결정적으로 사직을 결정했다.

"이래저래 고민하지 말고, 고향에서 하고 싶은 일을 해요."

2007년 3월에 IBM비즈니스 컨설팅 서비스를 원만하게 퇴직했다. 28살의 일이었다.

회사를 그만둔 후에도 동기와 상사 등 동료들은 매해 아타미를 찾아오기도 하고, 우리 회사에 출자하거나 비영리회원이 된 분들도 있다.

회사에 근무한 3년 반 동안 대단히 좋은 경험을 했다는 감사한 기억도 있다. 특히 컨설턴트 업무 경력은 아타미에서의 일에 큰 도움이 되었다.

예를 들어 IBM에서는 언제나 '고객에게 신뢰받는 파트너' 정신을 강조하며 항상 프로페셔널로 행동해야 한다고 배웠다. 그렇게 하면서 본질적인 문제에 관해 생각하는 습관이 몸에 배었고, 문제해결 능력도 늘었다.

아타미에서 일하면서 '무엇이 거리의 문제인가, 무엇이 원인인가?'를 항상 고민했다.

귀향

아타미에 돌아와 할머니가 살고 있는 맨션에 살았다. 부모님이 귀향할 것을 대비해 맨션을 남겨놓은 것이었다. 주거비가 따로 들지 않아서 사직한 후의 부담은 줄어들었다.

3년 반밖에 다니지 않았기 때문에 퇴직금도 없었다. 그때까지 받은 보너스는 대부분 해외여행에 써버려 귀향했을 때 통장에는 200만 엔(약 2천만 원) 정도의 예금밖에 없었다. 될 수 있는 한 지출을 줄여야 했다.

아타미의 일에 몰두하고 싶다는 일념으로 회사를 그만두었지만, 돈을 벌기 위한 사업계획도 특별히 없는 무모한 출발이었다.

그즈음 아타미에서는 대형 온천호텔과 료칸이 차례로 파산하고 리조트 맨션으로 바뀌고 있었다.

맨션이 세워지고 이주자와 별장 소유자가 느는 것은 기쁜 일이다. 그러나 그것만으로 살만한 지역이 되는 것 같지는 않아서 어떻게든 그 풍경을 바꾸고 싶었다.

제2장에 소개한 성공 요인

- 민간의 거리 활성화는 비즈니스 방법으로 사회를 바꾸는 수단.
- 민간의 거리 활성화로 고향을 바꾸자고 결심.
- 문제의식을 소중히 하기.
- 스스로 몰두할 수 있는 것을 일로 하기.
- 민간이 이익을 내야 지속가능한 거리 활성화가 이루어진다.
- 거리의 과제와 문제의 원인을 항상 생각하며 일하기.

제3장

거리 활성화는
'거리의 팬 만들기'부터

지역 사람들이 아타미를 모른다

"아타미에는 아무것도 없다."

내가 아타미에 돌아와 가장 충격을 받은 것은 이 말이었다. 모두 이구동성으로 이런 말을 했다.

어느 날 여성 관광객이 관광협회에 클레임을 걸었다는 말을 들은 적이 있다.

"아무것도 없다는 말을 하루에 3번이나 들었다."

우선 토산품 가게에서 그 말을 들은 것 같다. "어디 좋은 곳이 없나요?"라고 물어보자 가게 주인은 "아무것도 없어요"라고 말했다고 한다.

택시에서도 "글쎄 별거 없어요"라고 말했고, 료칸에서도 "아무것도 없지요"라는 말을 들었다고 한다. 그래서 그 여성은 "그렇지 않잖아요. 아타미에는 기운카쿠*도 있고, 하쓰시마**노 있잖아요"
라고 반문했다고 한다. 그러자 지역 주민들이 "거기도 가봤자예요"
라고 대답하더란다.

나는 이 말을 듣고 큰 충격을 받았다.

'만약 내가 아타미에 여행 와서 주민들로부터 아무것도 없다
는 말을 들으면 다신 오지 않을 것 같은데.'

아타미의 거리는 관광객을 불러들이려고 필사적이지만, 실제로
거리 중심에서 일어난 일은 역효과가 될 것 천지였다. 관광객이 부정
적인 이미지를 가지고 화나서 돌아갈 정도라면, 극단적으로 말해서
관광객을 부르지 않는 편이 더 좋지 않은가 하는 생각도 들었다.

지역 주민이 아타미에 부정적인 생각을 가진다는 것은 통계에
서도 나타났다. 2010년 오사카시립대학 대학원 야마토 사토미(大
和里美)***가 실시한 설문조사에 의하면 아타미 주민의 43%가 부정
적인 평가를 하는 것으로 나타났다.

별장 주인 등 두 거점 생활을 하는 사람의 18.8%, 관광객 등
외지인은 26.3%만 부정적인 이미지를 갖고 있어서 지역 주민보다는
낮은 비율이라는 결과였다.

● 기운카쿠(起雲閣)는 1919년에 만들어진 일본 전통 정원이다. (역주)
●● 하쓰시마(初島)는 아타미항에서 고속선을 타고 30분이면 도착하는 섬이다. (역주)
●●● 현재 나라현립대학 교수. (역주)

이대로라면 아타미가 쇠퇴하는 것은 당연한 상황이었다. 주민들의 견해가 바뀌지 않으면 지역재생은 불가능하다. 이게 내 최초의 문제의식이었다.

관광객도 주민도 만족하지 않는 현실

또 하나의 문제는 관광객의 낮은 만족도였다. 2000년의 설문조사에서 관광객의 만족도는 매우 낮았고, 인터넷에도 "아타미 서비스는 최악"이라는 댓글이 넘쳤다.

택시 이용객이 다른 곳보다 많았지만, 택시 서비스에 대한 불만도 많았다. 언덕길이 많아서 노인들은 짧은 거리를 이동할 때도 택시를 이용할 수밖에 없었는데, 그때마다 택시 운전사들은 노골적으로 인상을 찌푸렸다. 승차 거부도 많았다.

내 기억도 마찬가지였다. 주민들도 "택시는 절대로 안 타"라는 사람이 많았다.

그 외에도 음식점 서비스가 나쁘다, 바가지요금이 심하다, 료칸과 호텔 서비스도 엉망이라는 의견도 있었다.

주민들의 지역 이미지가 부정적인 것을 깨달았을 때 나는 어떤가 하고 스스로 반문해 보았다. 나는 과연 "이 지역이 좋아요, 이런 게 재미있어요"라며 소개할 수 있을까. 결국, 그렇게 하기 어렵다는 것을 깨달았다.

고등학생 때부터 고향의 매력을 알리고 싶었으면서도 정작 그렇지 못한 것이 현실이었다.

왜 그렇게 되었을까. 답은 간단하다.

'아타미의 일을 아무것도 모르고, 알고 있다고 해도 당연한 것처럼 여기며 진정한 가치를 깨닫지 못하기 때문이다.'

외지인에게 아타미의 좋은 점을 알려주고 싶어도 나를 포함한 주민들은 지역에 관해 아무것도 몰랐고, 장점을 모르기에 전달할 수 없는 상태였다.

우선 주민들이 지역을 아는 것이 중요한 과제였다.

지역에는 사람도 자원도 넘쳐난다

그래서 '아타미 내비게이션' 프로젝트를 시작했다. 지역에서 재미있는 활동을 하는 사람들을 찾아서 지역의 문제를 탐구하는 프로젝트였다. 웹사이트도 만들었다(현재 이 웹사이트는 운영하지 않는다).

좋은 만남이 있어서 이 프로젝트를 시작할 수 있었다. 지역의 웹 제작 회사가 포털 사이트와 아타미에 특화된 SNS를 해보려고 시도했지만, 운영할 사람이 없었다. 지역의 일로 웹사이트를 운영하고 싶은 사람을 찾고자 하는 회사와 내 의견이 일치해 프로젝트가 시작된 것이다.

단순히 관광 정보를 알리는 것보다 지역의 독창적인 활동을 소개하고 싶었다. 주민들도 모르는 지역의 일을 널리 알리고 싶었다.

예를 들어 육아하는 엄마들을 위해 유용한 육아 정보와 지역 정보 전달 지도를 만드는 여성 프로젝트가 있다는 기사를 올렸다. 내가 취재하러 갔을 때 "이런 곳에 남자가 취재하러 온 것은 처음이에요"라며 환대해 준 기억이 난다.

때마침 끝난 시의회의원 선거 당선자들을 전원 인터뷰하는 기획도 했다. 지역의 독창성을 발굴하려고 아타미가 무대가 된 소설이나 드라마에 나왔던 거리를 걸은 적도 있다.

이전까지 그런 활동은 없었다. 관광 정보는 있었지만, 지역 활동을 알리는 정보가 없었다.

그 가운데 실제 프로젝트로 연결된 것은 미나미 아타미 지역의 다가(多賀)라는 지역 농가의 농부 야마모토 쓰스무(山本進)를 취재한 일이었다. 작은 논을 재생하여 지역의 초등학교 5학년에게 매년 모내기 체험을 하도록 하는 분이 있다는 것을 듣고 취재하러 갔다.

사실은 야마모토가 재생하기 전에 아타미에는 논이 하나도 없었다. 야마모토의 집은 대대로 농가였지만 야마모토는 농업이 아닌 다른 일을 했다. 어느 때인가부터 자연스럽게 몸에 좋은 장소를 만들고 싶어서 묘라쿠유(妙楽湯)라는 온천을 경영했다. 그리고 대대로 물려받은 토지에 자연을 접하고 싶어서 논을 만든 것이다.

야마모토가 산간지의 척박한 땅을 개간해서 만든 것은 정말로 작은 다랑논이었다. 그런 재미있는 활동을 하는 사람이라니, 나는 얼른 만나고 싶었다.

이렇게 계속 아타미 내비게이션 프로젝트를 하며 지역의 일을 알리는 활동을 전개했다.

농지 재생, 팀 시골정원

4개월 정도 아타미 내비게이션 프로젝트를 진행하면서 이제 슬슬 실제 현장에서 거리의 과제해결 프로젝트를 해야겠다고 생각했다.

아타미의 거리 활성화에 관심 있는 지역 내외의 분들과 식사하며 이런 대화를 나누었다. "미나미 아타미의 다가라는 곳은 도시인의 눈으로 보면 자연이 풍요롭고 매력적이라고 외지인들이 말하곤 해요." 그러자 다가 출신 청년들은 "네? 자연밖에 없고 아무것도 없잖아요"라고 말했다.

그 말을 듣고 나는 처음으로 주민들은 이 지역의 자연을 좋게 생각하지 않는다는 것을 알게 되었다.

대학 진학 때문에 도쿄에 간 후에 나는 외지인의 시선으로 고향을 보는 입장이 되었다. 그래서 아타미 자연의 풍요로움과 그 매력을 언제나 느끼고 있었다. 만약 고향에 계속 살았다면 그런 매력을 깨달을 기회가 없었을 것이다.

아타미 내비게이션 프로젝트를 하면서 지역과 관계없던 U턴, I턴을 한 사람들과 연결되었다. 그분들이 미나미 아타미의 농지를 알게 된다면 기뻐할 거라고 생각했다.

농지 주인 야마모토에게 그런 의견을 말하자 "그럼 이번에 벼 베기를 할 예정인데 그분들을 한번 모셔 와요"라고 했다. 그래서 벼 베기 날에 농부 세 명과 청년 세 명이 모여 벼 베기를 하고, 미나미 아 타미의 황폐한 농지, 유휴 농지를 재생하는 단체를 만들었다.

그것이 '팀 시골정원'이다. 멤버는 나, 나와 어릴 적 친구로 아 타미를 떠나 있는 사람, 지역 기업에 근무하는 사람까지 3명 그리고 야마모토와 동료 농부들이었다.

처음에는 농업에 관심 있는 사람을 모으기 위해 체험 이벤트를 열었다. 귤 수확 체험을 하려고 하자 "그렇다면 우리 집 나무 세 그 루를 제공할게요"라며 멤버 중 농부의 한 사람인 고마쓰 신이치(小 松伸一)가 협력해 주었다.

팀 시골정원의 활동은 이렇게 시작되었다.

지역 공무원과의 만남

시청 '뉴라이프 지원실'의 이시와타 히사아키(石渡久照) 실장이 이 활동에 협력하기로 했다. 뉴라이프 지원실은 원래 이주 촉진을 위 한 부서였지만, 몇 가지 문제점이 있었기 때문이다.

아타미에 이주를 권해 많이 이주해도 실제 만족도는 높지 않았다. 오미야(お宮)의 소나무, 하쓰시마, 짓코쿠고개(十国峠) 등 관광지를 돌아보고도 쉽게 질리곤 했다. 생활 그 자체가 매력적이지 않으면 모처럼 별러서 온 이주자도 떠나버리고 만다.

뉴라이프 지원실은 이주자와 별장 소유자를 대상으로 '아타미 박학(博学) 강좌'를 개최했다. 거기에는 거리를 걷고 체험하면서 지역을 알아가는 프로그램이 있었다. 그 일환으로 농업 체험도 하겠다고 나선 것이다. 이 프로그램에는 많은 이주자와 별장 소유자가 참여했다.

이시와타 실장이 이주자를 모집하고, 우리 팀 시골정원은 농업 체험 이벤트 기획과 운영을 했으며, 농가는 장소와 농업 노하우를 제공했다. 각자 잘하는 일을 분담하며 이벤트를 진행했다.

격월 1회 정도 이벤트를 실시하면서 실제로 밭에서 작물도 재배했다. 지금도 이 활동을 하는 회원이 20명 이상이며, 시민농원과 경작 커뮤니티로 발전하고 있다. 체험 참여자 중에 농사를 짓겠다는 사람이 나와서 자율적으로 시작되었다.

팀 시골정원 활동을 통해 지역의 자연을 음미하는 사람이 조금씩 늘었다. 지역 주민에게는 황폐한 농지를 재생해 주는 것이고, 이주자에게는 ― 단순히 풍경 좋고 기후 좋은 곳에 사는 것뿐만 아니라 ― 농업이라는 매력 있는 일상이 더해졌다.

이주자 중에는 농업에는 관심 있지만 아타미에 밭이 없는 것 같아서 지레 농사를 포기한 사람도 있었다. 그러던 차에 경치 좋은

팀 시골정원의 농사 체험

곳에서 농사를 지을 수 있다는 것을 알고 깜짝 놀라며 기뻐했다.

팀 시골정원의 활동은 아타미 재생에 또 다른 의미도 있다.

두 거점 거주를 하는 사람들이 이 지역을 모른다는 사실을 확실하게 확인했다는 사실이다.

"아타미에는 먹을 곳도 없고 가게도 없다."

농업 체험 이벤트에 참여한 누군가가 이렇게 말했다. "이런 가게에 가본 적이 있나요?"라고 물어보아도 잘 알지 못했다. "아, 그런 곳이 있었군요"라는 정도의 반응뿐이었다.

당시 이주자들은 2, 3년이 지나면 재미없어져 도쿄로 돌아가야겠다고 생각하고는 했다고 한다. 그때 깨달았다.

'이렇게 모두 아타미를 모르는구나. 체험하는 과정에서 팬이 만들어지면 지역도 나아지지 않을까.'

단순한 단체 여행객과 달리 이주자들은 이 지역의 삶을 즐기고 싶어서 온 사람들이다. 또한 도시와 다른 지방다운 아타미만의 가치를 원한다. 이 사람들의 니즈에 부응하여 상품과 서비스를 개발하면, 앞으로 아타미의 미래 만들기로 연결될 것이다.

이런 발견은 우리들의 다음 활동으로 연결되었다.

지 역 체 험 교 류 투 어 , 온 타 마

주민이 지역을 모른다는 것은 즐기지 않는다는 의미다. 그래서 아타미 내비게이션, 팀 시골정원 활동을 했다. 그다음에는 주민이 지역을 즐기는 투어를 전개했다.

그것이 2009년부터 시작한 아타미 온천 다마테바코*(이하 온타마)다. 이 프로젝트는 예전 잇신쥬쿠 시절부터 꼭 해보고 싶은 것이었다. 잇신쥬쿠의 가와키타 히데토(川北秀人) 강사가 '온파크(オ

● 다마테바코(玉手箱)는 아름다움을 의미하는 다마(玉)와 소도구를 넣어두는 일본의 전통적인 작은 상자 테바코(手箱)를 합친 말이다. 특히 옛이야기 우라시마타로(浦島太郎)에 등장하는 상자를 가리키며, 함부로 열면 안 되는 소중한 상자를 의미한다. 온타마 소개는 https://machimori.jp/case/ontama 참조. (역주)

ンパク'라는 이벤트를 알려주었는데 내가 하고 싶었던 일과 꼭 같은 형태였다.

온파크의 정식 명칭은 '벳부 핫토온천 박람회(別府八湯温泉泊覧會)'다. 3주에서 1개월 동안 벳부 핫토에서 백수십 종류의 체험 투어를 하는 것으로 거리 걷기, 농업 체험, 온천 순례 등 여러 프로그램을 진행한다. 벳부에서는 2000년 무렵부터 이 이벤트를 진행했다.

아타미에서 이 아이디어를 빌려 '온타마' 이벤트를 진행했다. 당시에 벳부에서 시작한 온파크는 8개 지역 정도로 확장되었는데, 지금은 국내외 70개 이상 지역에서 실시하고 있다.

처음에는 무엇부터 해야 할지 몰랐다. 그런데 아타미 내비게이션, 팀 시골정원을 하면서 그 실마리가 보였다.

'시골정원의 농업 체험 이벤트처럼 지역의 모든 분야의 사람들과 같이하면 된다'는 것이었다. 또한 아타미 내비게이션을 통해 지역에 재미있는 사람들이 많다는 것을 알게 되었다. 이 사람들을 알리고, 관심 있는 사람들이 현장에 오도록 만들어야겠다고 생각했다.

지역 팬이 만들어지다

온타마는 한마디로 '주민이 가이드하는 투어를 단기간에 많이 하는 이벤트'다. 관광보다는 아타미와 그 주변 지역 사람들에게 아타미의 매력을 전하여 지역의 팬을 만드는 것이 목적이다.

온타마 바다 카약 체험(2011년 11월)

2008년 4월부터 학습회를 시작하며 참가를 독려하자 시와 시
관광협회가 반응을 보였다.

시 쪽에서도 관광기본계획에 '온파크'를 넣자는 의견이 원래 있
었고, 시 관광협회도 그런 프로젝트를 하고 싶어 했다.

마침 그때 41세의 젊은 나이로 관광협회 회장이 된 모리타 가
네키요(森田金清)에게 "온파크 학습회에 오세요"라고 제안했더니 바
로 반응이 왔다.

그렇게 해서 최초의 온타마는 2009년 1월부터 3월까지 2개월
간 매실축제에 맞춰 개최했다. 20개 프로그램을 준비했고, 그 가운
데 절반 정도가 거리 걷기 프로그램이었다.

'뒷골목 레트로 산책 투어'에서는 예전 시대의 느낌이 짙어서 마치 시간이 멈춘 듯한 거리의 뒷골목을 걸으며 가이드하고 그곳의 찻집 등을 소개했다.

미나미 아타미에서는 바다를 즐기는 체험을 했다. 또한 팀 시골정원에 의한 농사 체험 이벤트도 했다.

손님을 모으기 위해 포스터, 가이드북, 책자를 만들어 리조트 맨션 등에 배포했다. 맨션에만 총 8천 부를 배포했다.

시와 관광협회의 협조로 맨션들은 호의적으로 받아주었다. 초중학교에도 배포했다.

우리들은 시골정원 활동을 하면서 이주자들이 이런 체험을 원하고 있다는 것을 파악했기 때문에 리조트 맨션을 중심으로 가이드북을 배포했다.

결과적으로 반응은 꽤 좋아 지역신문 등 미디어에서도 호의적으로 실어주었고, 많은 사람이 참여했다.

온타마 프로그램은 2011년까지 연 2회 실시했고, 220개 이상의 기획을 시행하여 5천여 명이 참여했다.

지역의 삶이 행복해졌다

온타마의 인기 프로그램의 하나가 앞서 소개한 뒷골목 레트로 산책과 찻집 순례 프로그램이다.

레트로 거리 산책

아타미에는 작은 거리에 수십 개의 찻집이 있다. 80대 마스터
가 경영하는 찻집 '보닛(ボンネット)'은 1952년부터 있던 곳이다. 50
년 전에 유명 소설가 미시마 유키오(三島由起夫)도 단골이었다. 보닛
외에도 90대 할머니가 하는 재즈 찻집도 있다.

아타미에는 가게 안이 보이지 않아 알기 어렵고 들어가기 힘든
분위기의 가게가 많다. 이런 가게들을 가이드하며 알게 하고 이용하
게 하는 것이다. 즉, 가이드는 손님과 주민을 연결하는 역할을 한
다. 이 활동을 통해 단골들이 늘었다. 찻집의 팬이 늘고 아타미의 찻
집 문화가 전파되는 효과가 나타났다.

어느 날 잡지사로부터 "아타미의 찻집을 특집으로 하고 싶다"

느낌 있는 찻집 보닛

라는 연락이 왔다. '아타미의 레트로한 귀여운 찻집'이라는 특집으로 수 페이지에 걸쳐 찻집이 소개되었다. 그때부터 취재 요청이 많아졌다.

지금은 시의 지역 홍보에서도 적극적으로 찻집을 소개한다. 처음에는 관광자원이라고 생각하지 않던 것을 관광자원화한 것이다.

나도 그렇지만 거리 걷기 가이드를 하다가 길가에서 길을 잃은 듯한 사람을 보면 그냥 지나치지 않고 적극적으로 말을 걸게 된다.

"괜찮으세요? 어디 찾으세요?"

그렇게 말을 걸었다가 "저 가게가 맛있어요. 저기로 가면 재미있어요" 등 쓸데없는 참견 같은 것도 하게 된다.

즉 참여자뿐만 아니라 가이드들도 좋은 영향을 받는다.

회사를 그만두고 고향에 왔을 때는 정체된 분위기의 거리였고 주민들조차 아무것도 없다고 말하곤 했는데 이제 거리의 분위기가 바뀌기 시작했다.

주민의 의식이 변하다

온타마를 하면서 주민들의 의식이 급변했다. 주민의 70% 이상이 "아타미의 이미지가 좋아졌다"라고 대답했다. 이주자나 오래 거주한 주민 모두 그렇게 응답했다. "나고 자란 마을인데도 잘 몰랐다", "이런 역사가 있는 줄 몰랐다", "이런 재미있는 곳이 있었나"라는 감상이 많았다.

야마토는 주민의 만족도가 높아지면서 지역에 대한 이미지도 개선되었다고 분석한다. 정기적으로 실시하는 시즈오카대학의 아타미 관광조사에서도 변화가 보인다. 2000년대에 아타미의 환대 정도는 대단히 낮았지만 2014년에는 극적으로 개선되었다.

온타마와의 인과관계를 제시할 수는 없지만, 연구자로부터 "과연 온타마 효과네요"라는 평가를 들어서 무척 기뻤다.

상인들의 의식도 변했다. 지역 이미지를 좋게 만들고 싶다는 의욕으로 이어진 것이다.

관광뿐만 아니라 장기적 관점의 거리 활성화를 두고 시의 관광 전략회의 의제가 형성되었다. 온타마 같은 시도는 예전이라면 관이 개입하기 힘든 일이었을 수도 있다. 그러나 지금은 민간 팀, 시, 관광협회, 료칸조합, 상공회의소도 협력하는 일이 되었다. 지역 관광에 참여하는 여러 플레이어가 단순히 손님을 모으는 것이 아니라 지역 주민의 만족도를 높이는 시도를 중요하게 여기게 되었다.

그렇게 악명 높던 택시 서비스도 좋아졌다. 친절할 뿐만 아니라 지역 곳곳을 잘 안내해 준다는 칭찬이 여기저기서 들렸다. 료칸과 호텔 서비스도 개선되었다. 그곳의 젊은 후계자들이 위기감을 느끼고 직원의 의식 개혁을 추진한 것이다.

다음 단계는 재미있는 일이 일어날 것 같은 거리 만들기

3년간 온타마를 진행하면서 패배감이 꽉 찼던 거리는 재미있는 일이 일어날 거 같은 거리로 변했다.

온타마를 진행하여 아타미의 팬을 만드는 것뿐만 아니라 도전하는 분위기가 형성된 것은 정말 소중한 성과다.

도전은 언제나 힘들다. 작은 이벤트 하나를 열어도 기획부터 참가자 모집, 운영 등 여러 일을 해야 한다. 이제 막 시작한 단체에서는 할 수 있는 일이 한정되어 있어서 충분한 참가자를 모집하지 못하고 시작도 전에 포기하는 경우도 왕왕 있다.

그래서 우리는 온타마로 거리를 활성화하려는 다양한 도전자를 지원하는 프로그램을 기획했다.

2011년 온타마에서는 한 달 동안 600개 상점 및 단체 사람들과 73개 체험 투어를 기획했다. 150개 넘는 가게와 단체의 협력을 받았고, 40개 이상의 료칸과 상점이 후원했다. 지역 내외에서 10개 이상의 미디어가 이 활동을 홍보했다. 많은 사람이 참여하면서 단체 하나로는 이룰 수 없는 성과를 낸 것이다.

온타마에서 가이드와 강사를 한 사람들은 많은 제안을 했다. 건조식품 만들기 체험을 상품화하고 싶다, 아타미라는 풍요로운 환경 속에서 요가를 가르치고 싶다 등의 제안이 연일 제시되었다.

또한 천 명 이상의 사람이 지역의 팬이 되었다. 단체 후원과 활동가들이 만들어졌다.

어느 지역이나 마찬가지지만 모처럼 의욕적인 활동이 있어도 시기와 비난은 나타나게 마련이다. 나 역시 마찬가지 경험을 했다.

그러나 새로운 도전의 싹을 없애는 그런 의견만으로는 지역이 변하기 어렵다. 도전자들이 서로 지지하고 응원하는 커뮤니티를 만드는 것이 중요하다. 온타마의 또 하나의 목표는 도전자들을 위한 기반 조성이었다.

도전하고 싶은 장소 만들기

2009년 1월부터 시작한 온타마는 2011년을 정점으로 그 후에는 축소하고 종료했다. 나는 2009년 5월부터 실행위원장을 맡았지만, 연 2회씩 개최하면서 온타마의 인지도가 올라가는 것을 체감했다.

참여자는 이전 대비 두 배씩 늘었다. 인기 있는 프로그램은 첫날부터 예약이 찰 정도로 성황이었다.

지역 사람이 지역을 알고 지역을 즐기게 되었다. 3년간 활동하면서 이 목적은 충분히 달성되었다고 느꼈다.

'온타마의 역할은 끝난 것일까'라는 생각이 들었다. 물론 온타마를 기대하는 사람도 많았기에 이 활동을 끝내는 것을 고민했다. 그러나 온타마만으로 거리는 바뀌지 않는다. 거리의 본질적인 과제는 무언인가에 관해 생각해야만 했다.

또 하나의 큰 과제는 온타마로는 전혀 돈이 되지 않는다는 것이었다. 온타마를 계속하기에는 무리였다. 체험 투어 매출의 10%는 실행위원회로 가고 광고 수입도 있었지만, 이것만으로는 운영 경비 일부만 충당할 수 있을 뿐이었다. 시즈오카현 관광보조금 일부도 활용했지만, 지속가능한 장치를 만들기에는 무리였다.

그래서 애초의 목적은 달성했다고 평가했지만 지속가능하지 않다고 판단하고, 온타마 종료를 결의했다.

제3장에 소개한 성공 요인

- 거리 활성화는 팬 만들기부터 시작된다.
- 주민의 만족도를 높여 관광객 만족도 향상을 도모한다.
- 바로 가능한 일, 해야 할 일부터 시작하면 다음으로 할 일이 보인다.
- 팀 시골정원 활동으로 고객과 동료가 만났다.
- 주민이 지역을 즐기는 온타마 투어로 지역 팬이 생겼다.
- 주민 의식 개혁으로 거리의 이미지가 좋아졌다.
- 온타마 참여자의 높은 만족도가 지역 이미지 향상에 연결되었다.
- 거리 재생을 위해서는 도전하고 싶은 장소 만들기가 이루어져야 한다.
- 도전을 지원하고 유연한 연결을 만들면서 도전이 이어진다.

제4장

리노베이션 거리 활성화

자전거의 두 바퀴

온타마가 성과가 나타난 2010년부터 나는 다음 단계를 고민했다. 물론 온타마를 계속하는 것도 하나의 선택지였다. 그러나 선진지인 벳푸 온파크 등을 보아도 소프트한 콘텐츠보다는 거리를 계속해서 변화시키는 장치가 필요했다.

'비즈니스 방법을 통해 거리를 활성화하자. 돈을 버는 일과 거리 만들기를 어떻게 해야 양립할 수 있을까. 어떻게 거리 활성화로 돈을 벌까. 거리가 변하려면 지속가능한 형태의 활동이 필요하다.'

벳푸에서 온파크를 운영해 온 노가미 야스오(野上泰生)에게 상담해 보니 "온파크는 3~5년 정도가 적당해요. 성과가 나오면 다음 단계를 진행해야죠"라고 말해주었다.

온파크를 소개한 가와키타 히데토는 이런 조언도 했다.

"수익이 나지 않는 비영리사업도 있어요. 그러나 자전거의 앞바퀴로는 지역문제를 해결하고, 뒷바퀴로는 그런 노하우를 살려 다른 형태로 벌어야 합니다. 문제해결과 버는 일이라는 양바퀴가 있어야 해요."

그렇게 본다면 온타마는 자전거의 앞바퀴였다. 문제해결에 도움이 되었고 미션은 성공한 셈이었다. 그런데 수익 창출이 되지 않아서 활동을 계속하기 어려웠다.

온타마를 종료하기 전해에 나는 비영리법인 ETIC•이라는 단체의 프로그램에 참가했다. ETIC은 벤처기업과 사회 창업가 육성을 위해 반년 이상 장기 실천형 대학생을 대상으로 인턴십을 진행하는 등 지금까지 활발하게 활동하는 꽤 유명한 사회 창업가 양성 비영리단체다.

나는 아타미의 문제를 해결하면서 돈을 벌 수 있는 지속가능한 형태를 찾고 있었기 때문에 소셜벤처·스타트업 마켓이라는 창업 지원 프로그램에 참여했다.

한때 일본의 비영리단체들은 "우리는 좋은 일을 하고 있으니까 비즈니스가 아니어도 괜찮다"라는 의견이 많았다. 그러나 그런 생각만으로는 지속가능하지 않다는 것을 경험으로 깨닫게 되었다. 적어도 우리 세대의 비영리단체에는 버는 일의 중요성을 부정하는 사

● https://etic.or.jp (역주)

람은 없다.

그렇다 해도 실제로 수익을 창출하려면 장벽이 너무 높다. 2010년, 나도 그 장벽을 경험했다.

리노베이션 거리 활성화 대부와의 만남

소셜벤처·스타트업 마켓에 참가하면서도 구체적인 해결책을 찾지 못하던 때에 우연히 건축·도시·지역재생 프로듀서 시미즈 요시쓰구(清水義次)를 만났다. 시미즈는 아타미시 중심가 활성화 회의에 초대되어 이런 조언을 했다.

"거리에 새로운 플레이어, 젊은 플레이어가 점점 들어와야 한
다. 거리에 장사를 그만둔 듯한 사람이 많다. 그런 사람이 퇴
장하고 청년에게 길을 열어주면 아타미의 거리는 얼마든지 재
생할 수 있다."

이때 나는 직감적으로 "아, 이거다"라고 생각했다. 예전부터 상점가에서 가게를 꾸려가는 사람도 많았지만, 시미즈는 일부러 이들을 자극하는 표현을 한 것 같다. 아마도 의욕을 환기하기 위해서 도발적으로 말한 것 같다. 이 말을 듣고 갑자기 머릿속에 구체적인 이미지가 떠올랐다.

'그래. 지금 빈 점포가 많지 않은가. 곧 그만둘 것 같은 곳도 많아. 그 장소에 새로운 사람이 들어오면 돼. 그렇게 벌면서 거리를 재생시킬 수 있다.'

안개 속에서 헤매던 것처럼 혼란스러웠는데 한 줄기 빛을 발견한 것 같았다. 곧바로 시미즈를 찾아갔다. 3시간 정도 대화를 하고 돌아와서 제자로 받아달라는 감사의 메일을 썼다.

현대판 '야모리'는 '리노베이션'으로 거리를 만든다

시미즈는 원래 마케팅·컨설턴트 회사에서 여러 가지 비즈니스 개발 사업을 했다. 그 후 1999년 40대에 독립하며 아오야마 와인 바를 시작하여 대성공을 거두고 전국에 와인 바 붐을 일으켰다.

시미즈가 아오야마 와인 바를 시작할 무렵 아오야마 근처에도 비슷한 가게가 생겨났다. 이 모습을 보고 시미즈는 '아, 이런 건가.' 하며 깨달은 것 같다.

즉 지역에 그 지역을 바꾸는 점 하나가 생기면 그 일대가 바뀌는 것을 경험한 것이다. 시미즈도 거리 활성화를 하고 싶다는 생각이 있었기에 자신이 시작한 와인 바에 의해 거리가 바뀌어가는 것을 보고 거리 활성화는 이것이라고 생각한 것이다.

시미즈는 그 체험을 살려 그다음의 일들을 전개했다. 빌딩 개발이나 대규모 지역개발을 하면서 '지역에 변화가 가능한 점을 찍자'는 시도를 했다.

이것이 리노베이션 거리 활성화 방법이 된 '현대판 야모리'* 사고방식이다. 에도 시대 후기에 마을별 인구는 60만 명 정도였지만, 거리를 관리하는 관리는 300명 정도여서 마을 인구 2만 명당 1명의 관리밖에 없었다. 아타미시 인구 4만 명에 공무원이 약 500명이니까 80명당 1명의 공무원이 있는 셈이므로 에도에서는 지금 아타미의 1/25 정도의 관리밖에 없었던 셈이다.

이 적은 '수의 관리로 에도의 거리를 유지할 수 있었던 것은 야모리가 있었기 때문이다. 에도의 거리에는 2만 명의 야모리가 있어서 마을별로 30명에 1명꼴로 야모리가 있었다.

예를 들어 옛이야기에 나오는 나가야(長屋)의 오야(大家)가 이에 해당한다. 에도 시대에 있던 나가야의 오야는 주인 대신 관리를 하고 나가야의 사람들로부터 임대료를 걷는 것만 아니라 그들을 돌봐주기도 하고 다툼을 조정하는 일도 했다.

이같이 마을의 제반 문제를 해결하고 지역을 운영하는 역할을 한 존재가 야모리다. 게다가 막부의 돈이 아니라 스스로 사업을 해 이익을 얻는, 민간에서 자립한 사람들이었다.

이 에도 시대의 야모리를 지금 시대에 부활시키려는 것이 현대

● 야모리(屋守)는 에도 시대(1603~1868년)에 토지 주인이나 집주인을 대신하여 관리하던 사람을 말한다. (역주)

판 야모리다. 에도 시대와 달리 큰 지주가 없고 토지를 세분화하여 소유하게 된 현대에는 복수의 토지를 전대하여 지역을 운영하는 역할이 필요하다.

사용되지 않는 유휴자산을 재생하고 경관의 특징을 살려 불편함조차 특징으로 만들어 가치를 인정받는 일도 한다. 이렇게 낡고 쓸모없다고 생각하던 거리의 자원에 새로운 가치를 만들어간다.

2000년대 전반에 도쿄 지요다구에서 야모리 구상이 있었다. 시미즈가 이 구상을 실제로 지요다구에서 실천했다. 사무실 수요가 감소하여 방대한 빈 점포가 생긴 도쿄의 간다, 바쿠로, 니혼바시 지역 일대를 재생한 센트럴 이스트 도쿄(CET)˙라는 아트 이벤트를 계기로 아티스트와 크리에이터를 거리로 불러들여 재생을 일으켰다.

시미즈는 이 일을 비즈니스 관점에서 기획했다. 스스로 위험을 감수하면서 공유공간을 만들어 재미있는 사람들이 모여드는 거점으로 재생시킨 것이다.

중심가 리노베이션

시미즈의 말을 듣고 현대판 야모리로서 사업을 시도했다. 이제까지 온타마를 통해 거리 걷기에 참가한 사람들은 거리의 스토리

● 2003~2010년 진행되었던 CET 이벤트는 2023년에 다시 부활했다 (https://centraleasttokyo.com). (역주)

를 알고 거리의 재미있음을 확실히 느꼈다. 그러나 빈 점포와 빈 빌딩을 눈앞에 보면서 안타까워했다.

물론 거리 걷기에 참가하지 않은 사람들은 빈 점포 천지인 거리를 보고서도 서글픈 마음마저 느끼지 못했다.

그런 상황에서 빈 점포를 줄일 방법을 찾던 중 빈 점포가 중요한 자원인 것을 깨달았다. 확실히 건물을 부수고 새 건물을 짓는 것은 시간과 돈이 많이 든다. 따라서 허무는 것이 아니라 지금 있는 그대로를 이용하고 새로운 가치를 부여해서 재생시키면 된다.

온타마 투어를 거듭하며 거리 걷기 가이드를 마음껏 하면서 역시 거리의 구석구석이 좋았다. 나뿐만 아니라 투어에 참여한 사람들도 같은 느낌이었다. 모두가 아타미의 오래된 골목이 레트로 느낌이라서 좋다고 말했다. 그중에는 살아보고 싶다, 작업실을 갖고 싶다는 아티스트와 건축가, 크리에이터가 여러 명 있었다.

'이런 사람들이 거리를 사용하면 된다. 사용하지 않는 옛날 골목을 부수고 새로 짓는 것은 거리가 이제까지 축적한 문화와 사람들의 삶을 부숴버리고 마는 것과 같다. 거리의 가치를 떨어트릴 것이다. 그 대신 지금 있는 골목을 살려 새로운 플레이어가 새로운 용도로 사용하여 거리를 재생시키자.'

비즈니스로 거리 활성화

온타마 이벤트를 활발히 전개하던 2010년, 아타미스타 (atamista)라는 비영리법인을 설립했다. 온타마 활동을 하던 중에 대외적으로 신뢰할 만한 형태가 필요했고, 행정에서도 사업을 위탁받으려면 법인이 되면 좋겠다고 하여 그렇게 했다.

2011년 시미즈의 권유로 아타미스타 멤버와 에어리어·이노베이터스 양성·부트 캠프라는 현대판 야모리 육성 스쿨에 참가했다.

되도록 빨리 현대판 야모리로서 거리 활성화 사업을 하고 싶었기에 부트 캠프 개시를 기다리지 못하고 무리해서 수개월 전에 부트 캠프 관계자들을 만났다. 거기에서 시미즈의 제자인 오카자키 마사노부(岡崎正信)와 거리 활성화 비즈니스의 선구자 기노시타 히토시를 만났다.

오카자키는 이와테현 시와정(紫波町)에서 10년이나 방치되던 공공토지 10헥타르를 개발하여 비즈니스로 성공시킨 실적이 있다. 시와정 '오갈 프로젝트'*에서는 민관 연대를 통해 민간의 방법으로 공공시설을 건설·운영하고 있다.

공공시설에 민간기업이 들어가 이익을 내고, 그 수입을 공공시설 운영에 맞추는 방식이다. 이제까지 세금으로 운영되던 공공시설을 버는 공공시설로 만들어낸 것이다.

● https://ogal.info (역주)

이 획기적인 프로젝트의 성공으로 공공연대 분야의 선구자로 유명해졌다.

기노시타 히토시는 지역재생의 카리스마적인 존재다.

이런 사람들과 만나면서 비즈니스로 거리 활성화를 도모하는 데 시야가 넓어졌다.

거 리 에 서 투 자 금 을 만 들 다

부트 캠프에서 우리들은 2박 3일간 사업계획을 만들었고, 그 하나가 에어리어 일체형 퍼실리티·매니지먼트 사업이었다.

빌딩 관리에는 갖가지 유지관리비가 든다. 빌딩 엘리베이터는 정기검사와 수리 등의 유지관리를 외부 회사에 위탁한다. 그 계약은 빌딩이 세워진 초창기대로 이어져 계약 내용 수정은 하지 않는 경우가 대부분이다.

한때는 엘리베이터 회사 계열의 유지관리 회사가 대부분이었지만, 최근에는 계열사가 아닌 독립적인 유지관리 회사도 늘고 있어 계열사보다 싸게 계약할 수도 있다.

게다가 이런 독립적인 유지관리 회사와 일정 지역의 빌딩 엘리베이터에 관한 유지관리를 일괄 계약하면 더 저렴하게 계약할 수도 있다.

에어리어 일체형 퍼실리티·매니지먼트는 같은 지역 내 빌딩의 유지관리를 일괄하여 하나의 업자에 맡겨서 유지관리비를 절감한다. 우선 엘리베이터 8대의 유지관리를 일괄 계약했다. 경비 절감분의 일정 비율이 우리 회사로 들어왔다.

월 5만 엔(약 50만 원)의 유지비를 지불하던 곳이 3만 엔으로 계약한 경우도 있다. 하나하나 모여 일정 규모의 수입을 만들었다.

이 사업은 단기적으로나 장기적으로 빌딩 소유주에게도 이익이다. 단기적으로는 유지관리비가 절감되어 달마다 이익이 발생한다. 장기적으로는 거리 활성화 회사가 그 수익분을 새로운 점포 개발 등에 투자하여 거리의 가치 향상으로 이어진다. 거리의 가치 향상은 임대료 상승 등 부동산 가치가 향상되는 것을 의미한다.

에어리어 일체형 퍼실리티·매니지먼트로 매월 수입을 확보하여 거리의 상점 리노베이션을 할 수 있는 투자금을 만들어낸다.

거리 활성화 회사는 거리 전체를 회사로 보고 거리를 재생시킨다. 우선 초기에 유념해야 할 것은 경비 절감이다. 거리 밖으로 유출되는 자금을 끊고, 그것을 거리의 투자금으로 하는 것이 첫걸음이다.

주식회사 마치모리

2011년 10월 주식회사 마치모리(machimori)를 설립했다. 이 회사의 목적은 아타미 중심가 재생이다. 동업자는 아타미에서 150

년간 이어온 노포 건어물 가게 가마쓰루(釜鶴)를 5대째 운영하는 후타미 히카루(二見一輝瑠)로 나와 동갑이다. 에어리어 일체형 퍼실리티·매니지먼트 사업 계약 직전에 이 회사를 설립했다.

2011년은 동일본 대지진이 일어난 해다. 이것도 회사 설립의 큰 계기가 되었다.

지진 직후 원자력발전소가 갑자기 정지되면서 도쿄전력의 전력 공급 지역에는 계획정전이 실시되었다. 아타미 거리도 예외 없이 일정 기간 깜깜하게 되었다.

온천가에 불빛이 없어지자 손님도 줄었다. 정전 때문에 임시휴업 상태가 되어버렸다.

"이건 아니다."

동일본 대지진 피해 지역 복구를 위해서 우리도 '채리티 온타마(charity ONTAMA)' 등을 했지만 구호 활동뿐만 아니라 좀 더 근본적인 일을 해야 한다는 생각이 들었다.

우리 지역에 대지진이 일어나면 재생할 수 있을지, 거리의 경제를 다시 살릴 수 있을지 하는 생각에 위기감을 느꼈다.

위기가 반복되지 않으려면 더 철저한 준비가 필요하다. 더 착실히 버는 방법이 필요하다. 세금에 의존하는 것이 아니라 스스로 버는 방법을 가져야 한다고 다시 한번 되새겼다.

보조금에는 악순환의 리스크가 있다

거리 활성화에는 여러 방식이 있다. 비영리법인이나 일반적인 주식회사 방식도 있다. 기부와 보조금이 중요하다면 비영리법인이 좋지만, 나는 비즈니스 방식이 좋다고 생각했다.

영리를 추구하는 민간기업보다는 영리를 추구하지 않는 행정이 거리 활성화에 더 제격이라고 의문을 품는 사람이 있을 수도 있다.

비영리 활동의 한계를 느끼고 주식회사를 만들려고 했을 때 "비영리로 구축한 신용으로 돈을 벌려고 하는군"이라며 비난하는 사람도 있었다. 그때마다 우리는 이렇게 대답했다.

"네, 그래요. 착실히 벌어서 이익을 남기고 싶어요. 벌지 않는 활동은 계속될 수 없고 또한 지속해서 거리 재생 사업을 발전시키지도 못하니까요."

버는 일은 나쁜 일이 아니다. 오히려 벌지 못하면 지속해서 사업을 할 수 없다. 중요한 것은 번 돈을 어디에 쓰는가다.

왜 벌지 않으면 거리 활성화 활동을 지속할 수 없는 걸까. 보조금에 의존하면 거리 활성화는 악순환에 빠질 위험이 있기 때문이다.

보조금을 받아 사업을 하면 행정이 정한 제약 안에서만 사업을 할 수 있다. 제약이 있으면 발상이 묶여 재미없는 사업이 되기 쉽고, 잘되지 않았을 때 임기응변으로 사람, 물건, 돈을 모으는 것을 할 수 없어서 대응도 힘들다. 그렇게 되면 더욱더 보조금에 의지하게 되어 사업 제약이 더욱 심해지고… 이런 식으로 사업이 정체되다가 보조금이 줄어들면 망해버리는 것이다.

> "손에 쥔 자원으로 사업을 해서 이익을 남기고 다음에 투자하여 계속하는 식의 사이클을 만드는 것이 지역 활성화의 기본이다." (기노시타 히토시)

기노시타도 설명하는 것처럼 민간기업이 낸 이익을 사용하는 것이야말로 지속가능한 거리 활성화의 기본이다.

또한 비즈니스는 고객 지향적이지만, 보조금을 활용하면 고객이 아니라 행정을 향한 사업이 되어버린다. 그러면 발전은 없다.

그래서 거리 활성화에서 자립 형태로 사업을 전개하고 싶어서 주식회사를 설립했다.

거리에는 건물주가 필요하다

통상적으로 '거리 활성화는 건물주가 할 일'이라고 생각하는 경향이 있다. 거리 활성화에서 가장 이득을 보는 것이 건물주이기 때문이다.

그러나 일반 건물주들은 부동산을 소유하기만 하고, 본래 의미에서 건물주의 역할을 하지 않는 경향이 있다. 원래 건물주가 본업이 아니라 다른 장사를 하면서 부수적인 의미로 토지와 빌딩 등 부동산을 가지고 있는 사람이 대부분이기 때문이다.

건물주가 그냥 빌려주는 게 좋다는 식의 방식으로는 거리 재생이 불가능하다. 거리라는 권역을 매력적인 것으로 바꾸려면 지역 전체의 가치를 높이기 위한 아이디어가 필요하다. 자신이 소유하는 부동산의 부가가치를 높이기 위해서는 지역의 가치를 상승시켜야만 한다.

따라서 건물주와의 수평적 연대가 불가결하다. 그런데 이제까지 건물주와의 연대라는 의식은 거의 없었고, 상가 활성화를 위한 사업상의 연대만 존재할 뿐이었다. 그것으로는 거리를 바꿀 수 없다. 전략적으로 부동산의 부가가치를 높이기 위한 의식과 조직 만들기가 필요하다.

우리가 주식회사를 만든 것은 전략적으로 지역 가치를 높이려는 목적 때문이다. 이제까지 부동산의 부가가치를 높이려는 의식이 없었던 아타미에서 건물주들에게 거리를 활성화하여 직접적으로 이익을 얻는 것은 상점 주인이 아니라 건물주라고 깨닫게 하려는 마음이 있었기 때문이다.

퍼실리티·매니지먼트는 건물주에게 전략적인 사고를 심어주기 위한 최초의 비즈니스였다.

거리 변화의 조짐을 파악하여
새로운 선수를 불러들인다

리노베이션을 단순한 건물 재생 방식이라고 생각하기 쉽다. 확실히 낡은 건물의 장점을 끌어내어 사용하는 사례가 많긴 하지만 중요한 것은 건물 재생이 아니다.

오히려 건물의 새로운 사용 방법을 만들어서 새로운 선수를 불러들이는 것이 핵심이다.

시미즈는 자주 이렇게 말한다.

"철저하게 거리를 관찰하세요. 지금 거리에 어떤 변화가 일어
나고 있는지 눈으로 지켜보면서 변화의 징조를 알아차리는 것
이 중요합니다."

변화의 싹을 놓치지 않는 것은 중요하다. 예를 들어 히로시마현 오노미치시(尾道市)에서는 '오노미치 U2'●라는 라이더들을 위한 복합시설이 인기인데, 이는 창고를 이용한 것이다. 오노미치시에는 히로시마와 에히메현을 연결하는 시마나미 해도(しまなみ海道)가 있어서 이 길을 통해 자전거 통행이 가능하다. 그래서 외국에서도 라이더들이 몰려들었다.

● https://onomichi-u2.com (역주)

시마나미 해도를 이용하는 라이더 증가라는 변화를 파악하고, 라이더를 대상으로 새로운 가치를 제공하는 시설을 만들어 성공한 것이다.

이처럼 변화의 징조를 파악함으로써 지역을 바꾸는 사업을 만들 수 있다.

거리의 변화 관찰이 중요하다는 것을 온타마의 경험에서도 실감했다. 2009년부터 3년간 거리를 돌아보면서 어떤 사람들이 어떤 프로그램에 참가하고 싶은지, 어떤 사람들이 어떤 것을 좋아하는지를 꾸준히 관찰했다. 되돌아보면 온타마는 방대한 테스트 마케팅을 한 소중한 경험이었다.

주위에서 모방하고 싶은 일을 만드는 것이 핵심이다. 시미즈가 와인 바 붐을 일으켜 거리를 바꾼 것처럼 말이다.

거리를 바꿀 수 있을 것 같은 새로운 변화를 일으키는 새로운 플레이어가 들어오는 장소. 우리가 해야 하는 일은 그런 장소를 만드는 것이다.

제4장에 소개한 성공 요인

- 문제해결과 버는 일의 두 바퀴가 있어야 민간에 따른 거리 활성화가 이루어진다.
- 에도 시대 야모리의 현대 버전 같은 역할을 하며 지역을 바꾸는 점을 찍다.
- 재개발보다 속도도 빠르고 비용 대비 효과도 높은 리노베이션 거리 활성화.
- 새로운 플레이어가 새로운 방식을 쓰는 지역 리노베이션으로 거리 재생.
- 거리 전체를 회사로 보고 우선 경비를 절감하여 투자금을 확보한다.
- 거리 활성화의 목적은 지역의 가치 향상. 즉 부동산 가치 향상이다.
- 거리를 활성화하여 최종 이익을 얻는 것은 건물주다. 따라서 거리 활성화는 건물주가 해야 할 일이다.
- 보조금에는 악순환의 리스크가 있다.
- 변화의 징조를 파악하여 거리에 새로운 콘텐츠를 만들어 새로운 선수를 불러들인다.

제5장

단 하나의 프로젝트에서
변화가 시작된다

중심가에 점 찍기

아타미시 중심지는 아타미역에서 아타미항까지의 구역으로 그 안의 해안 사방 3백 미터 지역은 아타미의 주변 시가지다.

그 작은 지역에 음식점이 400개고 온천 관광지도 있다. 이렇게 밀집된 중심 시가지가 있는 것은 다른 관광지와 비교해서 큰 장점이다.

아타미 긴자거리는 중심 권역의 입구에 있다. 100미터 정도의 작은 상점가지만, 대부분 가게가 오랜 역사를 품고 있다. 에도 시대부터 이어온 노포로서 5, 6대를 이어온 곳도 많다.

도로를 향해 개방적인 형태를 한 상점도 많고, 점주가 가게 앞에 서 있는 일도 많아서 거리의 사람과 손님과의 대화도 들을 수 있는 곳이다. 아타미의 거리는 어느 곳이나 지역의 커뮤니티가 뿌리 깊게 남아있다.

한때 아타미 사람들에게 아타미 긴자는 선망의 장소여서 "언젠가는 긴자에 가게를 내고 싶다", "언젠가는 긴자에 살고 싶다"라

아타미 긴자

고 하는 장소였다고 어른들에게 들은 적도 있다.

그런데 우리가 마치모리를 설립했을 때 아타미 긴자는 완전히 적막해져 빈 점포 천지인 이른바 셔터 거리가 되어있었다. 2011년에는 1/3에 해당하는 10개 점포가 빈 점포였다. 적막한 풍경 속에서 아타미의 이미지도 나빠지고 있었다.

그래서 우리는 아타미 긴자에서부터 시작하자고 생각했다. 대부분 점포에 후계자가 있어 앞으로 2, 30년을 내다보고 만들면 뭔가 가능하리라 생각했다.

우리들은 이 권역을 바꾸기 위해 '점'을 찍기로 했다. 우선 아타미 긴자 중심가의 빈 점포를 리노베이션하여 카페를 열었다.

카페 오픈

2011년 어느 날 친구 후타미(二見)가 "좋은 건물이 있다"라며 3년 이상 비어있던 아타미 긴자의 점포를 소개했다. 지역 포인트 카드를 발행하는 협동조합 아타미씰이 소유한 3층 건물의 1층이었다. 3층은 조합 사무실, 2층은 대여 공간인데 1층이 비어있었다.

한때 증권회사가 있었지만 철수하면서 계속 비어있었고, 면적은 50평으로 꽤 넓었다. 나는 물건을 보고 '이곳에서 시작하자'라고 결심했다.

사실 건물주 때문에 그곳에서 시작했다. 우리는 건물을 찾으면서 리스크를 함께할 건물주를 동시에 찾았다.

즉 이 장소에서 프로젝트를 시작할 수 있었던 것은 당시 협동조합 아타미씰의 후지나가 요시히코(藤中芳彦) 이사장 및 부이사장과 만났기 때문이다.

물건을 찾아다니며 후지나가 이사장으로부터 들은 말을 아직도 기억한다.

"당신들이 아타미와 아타미 긴자를 위해 이 상가를 이용하겠다면 싸게 빌려주겠소."

우리가 그동안 비영리단체로 활동해 온 신뢰도와 (나의 동업자인) 노포 가마쓰루(釜鶴)의 젊은 사장 후타미에 대한 신용 때문에 그런 말을 했을 것이다.

'돈벌이가 안 될지 몰라도, 사람이 들고나면 북적거리게는 되겠지'라는 생각으로 빌려준다고 한 것 같았다.

그러나 우리에게 1층을 임대하는 것에 조합원들의 반대가 심했다. 조합 소유 건물이기 때문에 조합원 총회의 허락이 필요했다. 반대 의견이 있었지만 "미래가 있는 청년을 응원하는 좋은 일"이라며 이사장과 부이사장이 조합원들을 설득했다.

그런 건물주의 마음을 소중히 여기며 우리도 각오를 다졌다.

일반적으로는 빈 점포더라도 임대료는 그대로인 경우가 많다. 수요와 공급의 균형을 생각하면, 빈 점포가 많다면 임대료를 낮추는 게 상식이지만 부동산 시장은 그렇지 않다.

전국 어디에나 빈 점포와 빈집 천지지만 대부분 건물주는 여유 있는 상황이라 임대료를 낮추지 않는다. 아타미 역시 마찬가지였다.

거리에는 한때 잘 나가던 료칸과 호텔의 손님들이 밤에 놀러 오는 가게가 꽤 있었다. 그런데 관광객이 격감하자 주로 밤 영업을 하던 가게들은 불황이 되어 몇 년 치 임대료를 체납하던 상태였다. 그들을 내쫓을 수도 없어서 건물주들은 골치 아파했다.

빈 점포의 임대료를 낮춰 새로운 임차인이 들어온들 장사가 잘 안되어 또 체납할지도 모른다는 불안도 있었다. 그래서 "임대료가 싸면 빌리자"라는 안이한 생각을 지닌 사람에게는 절대 빌려주지 않는 것이다.

부동산중개소 입장에서는 변변찮은 상점은 비싸게 받을 수도 없고 수수료도 적어서 열심히 임차인을 찾지 않는다.

이런 현실이었기 때문에 중심가는 빈 점포 천지인 채 방치되어 있었다. 우리가 꽤 좋은 조건으로 빌릴 수 있었던 것은 착실한 카페 운영 사업계획서와 더불어 거리 활성화 의지를 표명해서다.

이런 도전을 응원하는 건물주의 기대를 받으며 더 확실히 성과를 내자며 각오를 다졌다.

최초 투자는 1/3

좋은 조건으로 싸게 빌렸지만, 카페를 열기까지 여러 가지 시행착오가 있었다.

우선 초기 투자 부문에 큰 도움을 받았다. 초기 부담금은 천만 엔(약 1억 원) 정도를 생각했다. 그러나 시미즈에게 상담하자 "일단 초기 투자를 적게 하는 게 매우 중요하니까 1/3로 줄여요"라고 조언했다. 그 말대로 철저하게 수정하여 절감할 수 있는 것은 줄였다.

건축사가 예산 내에서 어떻게든 할 수 있는 방도를 찾아준 것도 매우 큰 도움이 되었다.

카페 설계에는 디자인도 포함되어 있기 때문에 부트 캠프에서 알게 된 라이온 건축사무소의 시마다 요헤이(嶋田洋平)에게 부탁했다. 시마다는 기타큐슈에서 거리 활성화를 추진한 사람으로서 리노베이션 거리 활성화 부문에서는 유명한 분이었다. 그가 아타미에서

강연한 것을 계기로 일을 의뢰했다.

또한 꽤 많은 양의 비품도 무료로 제공받았다. 관광협회 모리타 가네키요(森田金清) 회장은 "우리 빌딩에 있는 것이면 뭐든 가져가도 좋다"라며 주방 기구, 식기, 테이블, 의자 등을 줬다.

공사할 때는 온타마 참가자들이 도와줬다.

시마다도 DIY 기획에서 쓸데없는 설비를 빼고 필요 공사만 하도록 조언하면서 여러모로 비용 절감을 도와줬다.

결과적으로 초기 투자금 3,505만 엔(약 3천 5백만 원)으로 카페를 열 수 있었다.

자기 돈으로 성공해 주세요

그러나 깎고 깎은 자금 3,505만 엔조차도 간단히 조달할 수 있는 금액은 아니었다.

처음에는 융자가 아니라 출자모집을 하려고 했다. 지역에 아는 재력가도 많았고, 그중에는 거리 재생에 호의적인 사람들도 있었기 때문이다. 부탁하면 어떻게든 되지 않을까 하는 생각도 했지만 망설여졌다.

우선 오즈카상회(大塚商会) 회장에게 부탁해 보았다. 회장은 아타미에서 호텔도 경영하고 있고, 아타미의 매실 농원과 중심부에 있는 이토강변의 아타미 벚나무길 재생 등을 위해 아타미시에 거액을 기부한 사람이다. 예전부터 "아타미 긴자를 어떻게 해보고 싶다"라고 말하곤 했던 분이다.

그러나 전혀 우리를 상대해 주지 않았다.

다음은 유명한 돈가스 프랜차이즈 '마이 이즈미(まい泉)'의 창업자로 당시 아타미에서 돈가스 가게를 운영하던 사장님께 부탁하러 갔지만 여기도 마찬가지였다.

사업가들은 출자를 부탁하러 간 우리에게 이구동성으로 이렇게 말했다.

"우선 자기 돈으로 하세요. 성공하고 다시 찾아오세요. 그때 이야기를 들어주겠소. 처음부터 남의 돈으로 사업하면 이런저런 참견을 듣게 되고, 자기가 정말 하고 싶은 방향으로 사업하기 힘들어질 거요."

그 말을 듣고 우리가 너무 안일했음을 깨달았다. 결국 부모와 친척에게 빌리고 은행에서 대출받아 자금을 모았다. 그 후의 사업에서도 대출을 받았다. 이제껏 돈을 빌려본 적이 없어서 처음에는 정말 힘들었다.

집도 직장도 아닌 제3의 장소를 만들다

카페 콘셉트를 처음에 생각한 이유는 지역에 집도 직장도 아닌 '제3의 장소'*를 만들고 싶어서다. 사람들이 아무 때나 편하게 찾아오는 커뮤니티 장소를 만들고 싶었다.

예전에 직장에 다닐 때 집과 회사를 왕복하는 것이 너무 피곤했다. 그러다가 우연히 집 근처의 다이닝 바를 발견하고 그곳에서 위안을 받았다. 거기에 가면 일로는 만날 수 없는 정말 다양하고 좋은 사람들이 있었다. 그것만으로도 일상의 위안이 되었다. 아마 그 장소가 없었다면 나의 고향에 대한 애착도 잊어버렸을지 모른다.

'그런 장소를 고향에 만들고 싶다.'

구체적으로 3개의 목적을 생각했다.

첫째, 온타마 활동의 거점 카페다. 온타마 활동을 통해 주민들에게 지역 장점을 알렸으니 그 거점을 만들고 싶었다. 지역을 잘 알지 못하면서 그냥 카페에 오는 지역 내외의 사람들이 이 장소에서 지역의 일을 알고 팬이 되는 계기를 제공하고 싶었다.

참여자들이 지역을 거닐고 체험하면서 이 거점에서 자발적으로

● R. Oldenburg. 1989. *The Great Good Place*. New York: Marlowe & Company. (김보영 역. 2019. 『제3의 장소: 작은 카페, 서점, 동네 술집까지 삶을 떠받치는 어울림의 장소를 복원하기』. 서울: 풀빛). (역주)

이벤트도 개최하고 커뮤니티도 만들면 좋겠다고 생각했다.

둘째, 리노베이션 거리 활성화의 거점 카페다. 창의적인 30대의 제3의 장소가 되는 것이다. 재미있는 사람들이 모여 지역재생을 도모하는 장소가 되고자 했다. 우리에게 이 카페는 결승점이 아니라 출발점이었다.

중심가의 빈 점포를 새로운 방식으로 활용하고자 하는 사람이 있다면 거리는 바뀔 것이다. 그저 빈 점포의 외양만 바꾸어서는 안 되고 잘 활용할 수 있는 사람들이 필요했다. 그런 개성 있고 의욕 넘치는 재미있는 사람들의 제3의 장소가 되는 것, 그것이 우리의 목표였다.

재미있는 사람들이 너무 분산되면 큰 동력을 만들기 어렵다. 그러나 그들이 유연하게 이어진다면 큰 변화도 만들 수 있다고 생각했다.

셋째, 거리와 마을을 연결하기. 이제까지 팀 시골정원 활동을 했고, 이즈반도의 좋은 생산자와도 만났다. 즉 아타미 거리의 매력은 거리에만 있는 것이 아니다. 아타미와 이즈반도의 자연과 식자재가 있기에 아타미 거리가 형성될 수 있었다. 따라서 아타미를 포함한 이즈반도산 식자재를 살린 음식을 카페에서 제공하고자 했다. 마을의 해산물과 채소를 이용한 요리로 지역의 매력을 알리고자 했다. 그래서 이즈반도의 1차 산업 생산자, 주민, 요리사, 음식점 사장의 연대를 만들자고 생각했다.

주민들이 편하게 모여 음식을 먹고, 서로 자연스럽게 정보를 공유하면서 지역의 팬이 되고 서포터가 되고 플레이어가 되면 좋겠다고 생각했다.

온타마 활동의 목표를 카페를 통해서 매일 구현하고 싶었다.

2년간 시련의 연속

2012년 7월 7일, 카페 로카(RoCA)를 열었다. 카페 이름은 "리노베이션 오브 센트럴 아타미(Renovation of Central Atami), 즉 아타미 중심지를 재생하자는 의미다. 아타미 거리를 리노베이션하는 시작의 장소라는 의미도 포함돼 있다.

첫날, 이제까지 느낄 수 없었던 긴장감과 흥분으로 개업했다. 많은 사람이 개업을 기뻐하며 찾아왔다. 7월부터 8월까지 서비스 자체에 서툰 나도 항상 가게에 서 있었다. 여름은 관광 성수기여서 많은 손님이 왔다.

그러나 어느 정도 시간이 지나자 손님의 발길이 끊겨 매상이 줄었다. 카페를 열 때 생각했던 3개의 목적을 실현한다는 것은 엄두도 못 낼 상황이 되어버렸다.

처음에 우리가 카페를 하고 싶다고 했을 때, "이런 곳에 가게를 열어봐야 돈도 못 벌 테니 그만둬"라고 말한 주변의 충고가 빈말이 아니라는 걸 통감했다.

적자가 이어졌다. 2012년 당시의 아타미 긴자에는 거의 사람

카페 로카

이 다니지 않았고, 대부분 가게에 손님도 없었다.

처음부터 알고 있었던 상황이었고 그런 상황을 바꾸려고 카페를 만든 것이다. 그렇다 해도 비수기에는 정말 힘들었다.

기다려도 손님이 오지 않아 어떻게라도 손님을 불러들이려고 궁리를 거듭했다.

처음의 일 년 동안에는 계속 이벤트를 열고, 재미있고 의욕 있는 사람과 재미있는 활동을 해온 사람 등을 불러들였다.

온타마 활동에서 한 일을 카페에서도 한 것이다. 1년에 100회 넘게 이벤트를 했다.

그 2년 동안 정말 힘들었다. 카페 오픈 후 3개월이 지났을 때는 점장이었던 직원이 갑자기 나오지 않고 "오늘부터 못 나가요"라는 이메일만 달랑 보내왔다.

카페 설립부터 지지해 준 사람이 그 점장과 내 아내였다. 아내는 당시에 임신하여 출산휴가 상태였다. 점장이 이렇게 그만둔 것을 알게 된 아내가 아무 말도 하지 않고 카페로 와주었다.

그러나 그 후 다시 출산휴가에 들어갔다. 아르바이트를 채용해도 들고 나기를 반복했다.

직장 분위기가 나빠지면 서비스가 나빠지고 손님이 멀어져 간다. 당연히 가게 매출도 줄어드는 악순환에 빠져들었다.

어떻게 해야 좋을지 몰라 당황하던 그 시기에 아이가 태어났다. 정말 기쁜 일이었지만, 카페 걱정과 불안으로 고통스러운 나날이었다.

술로 풀기도 하고 엉망진창으로 살았다. 정말 가족에게 못 할 짓을 했다고 지금도 반성한다.

그런 상황이 일 년 이상 계속되던 어느 날, 6개월 안에 바꿔보자고 결심했다. 3개월 이상 흑자를 내지 못하면 술도 마시지 않겠다, 6개월 안에 흑자화하자고 결심하고 새로운 점장과 함께 가게의 재생에 나섰다.

그때까지 엉터리였던 수입 지출 수치를 매월 확실히 파악하고 하나하나 꼼꼼히 재생해 나갔다. 그 후 아내도 본격적으로 복귀했다. 손님이 점점 늘었고 단골도 늘어 매출이 올랐다.

6개월 후 무사히 3개월 연속 흑자를 달성했다. 이벤트도 계속 진행해서 찾는 사람들이 많이 늘었다.

마침 아타미에서는 재미있는 활동을 하는 청년들이 생겨나던 때였다. 아타미에서 나고 자라고 런던에서 수년간 체류하고 돌아온 하라 가나에(原香苗)는 이때부터 ATAMI 티셔츠 시리즈를 만들기 시작했다. 카페 손님들이 그 티셔츠를 입고 하라 가나에의 디제잉 이벤트를 즐기기도 했다.

다양한 사람이 이벤트를 열게 되면서 청년뿐만 아니라 어르신들도 방문했다. 그러자 조금씩 거리의 분위기가 바뀌었다.

"아타미 긴자에서 뭔가 재미있는 일이 벌어지기 시작했다."

그런 소리도 들리게 되었다.

또한 카페 옆 약국도 가게 일부를 개조하여 센스 있는 잡화 등을 판매했다. "이치키를 흉내 내보았다"라는 말은 정말 기뻤다.

마침 그때 우리 카페 말고 한 집이 더 오픈했다. 노포를 리모델링한 곳이었다. 침체되었던 상점가에 밝은 변화가 생겼다. 재미있는 가게가 한 곳 있으면 다음에 또 하나가 생기고 그다음에도 생긴다. 그렇게 거리가 변해갔다.

아직 작은 규모이지만 시미즈가 와인 바로 아오야마 거리를 바꾼 것 같은 현상이 아타미에서도 일어나고 있었다.

카페의 성공과 실패

아타미 긴자는 2012년까지 빈 점포 천지였지만 지금은 모두 변했다. 빈 점포에 입주자가 늘어 새로 상점을 오픈하고 건물주들도 적극적이어서 대기업 산토리도 협찬 광고를 하는 상황이 되었다.

침체되었던 공기가 정말 '센트럴 아타미'라는 명칭에 어울리는 활기찬 분위기가 되었다.

2017년 카페 로카를 닫고 새로운 형태로 다시 시작했다. 원래 침체된 중심가를 리노베이션하는 거점 만들기가 목적이었다. 아타미 긴자에 있는 다른 빈 점포에는 새로 장사를 시작하며 도전하는 사람들이 모여들어 이미 계기를 만드는 일은 성취했다.

지역 변화를 위한 최초의 점을 찍겠다는 역할을 해낸 것이다. 처음의 목적 가운데 온타마 활동의 거점 되기와 리노베이션 거리 활성화의 거점 되기는 다음 사업에서 실현하고자 했다.

유감이지만 셋째 목적인 '거리와 마을 연결하기'는 충분히 달성하지 못했다. 앞서 말했듯이 혹독한 영업 과정이었고 평균적으로 적자 상태였다. 음식점 경영 면에서는 실패였다고 인정할 수밖에 없었다.

5년 계약기간을 만료로 가게를 닫기로 결단했다. 물론 고민에 고민을 거듭했다. 출발점이었기에 애착이 있었고 주변에서도 문 닫는 것이 아깝다고 말했다. 그러나 적자 경영을 이어가는 것은 아니라고 판단했다.

의지와 계산기

폐점하면서 나는 내 기분과 생각을 페이스북에 올렸다. 조금 길지만 인용한다.

"카페 로카는 아타미 리노베이션 거리 활성화의 출발점이다. 정말 많은 분을 여기에서 만났고 여기에서 새로운 움직임도 생겨났다. 마치모리도 다양한 사업을 세우고 운영해 왔다. 누구도 개업하려고 하지 않던 이 거리에서 카페를 개업한 것은 정말 큰 결정이었다. 이곳이 없었더라면 그 후의 여러 움직임도 일어나지 않았을 것이다.

그러나 5년이 지나고 나니 하나의 역할을 끝냈다는 기분이 든다. 이제는 이 거리에도 개업하겠다는 사람들이 나타났다.

이제 우리의 역할을 바꿔야 할 때다. 앞으로는 단순하게 장소를 바꾸는 데 그치는 것이 아닌 새로운 도전을 하고 싶다.

이 부분부터는 솔직한 자기 고백이다.

카페 로카에서 정말 많이 배웠다. 특히 경영의 어려움을 혹독하게 배웠다. 직원들은 정말 열심히 일해주었고 많은 팬과 주민들이 지지해 주었다.

그러나 카페 로카는 성공 사례가 아니라 실패 사례다. 흔쾌히 이 사실을 인정하기 너무 힘들었다. 도움을 준 분들과 직원들을 생각하면 이런 말조차 하고 싶지 않다. 하지만 실패는 실패다.

이 부분을 인정하지 않으면 다음 단계로 가지 못할 것 같다.

적자여서 실패다. 아무리 좋은 장소를 만들어도 적자 사업은 꽝이다. 이 경험을 살려서 앞으로의 일을 도모할 것이다.

앞으로도 많은 실패와 성공을 반복하고 싶다.

마치모리는 계속 도전한다. 모두 실패해도 좋은 도전을 하자."

이 글에 600명 이상이 '좋아요'를 눌렀고, 40개 이상의 댓글이 달렸다. 마침 당시 NHK의 〈사키도리〉라는 방송 프로그램에서 1개월 정도 밀착 취재를 하던 때여서 방송에서도 실패를 밝혔는데 그 반응이 상당했다. 실패를 공개했는데 이 정도로 좋은 반응이 있을 것이라고는 예상하지 못했다.

2017년 8월에는 공유점포 로카(RoCA)에 3개의 음식점이 입점해서 우선 젤라토 가게와 이탈리안 바까지 2곳이 문을 열었다.

아타미 중심가에 개업하고 싶은 사람을 모집해서 그들과 건물을 매칭하며 지원하는 일을 하고 싶었는데 어렵사리 그런 기능을 하게 되었다.

비즈니스 방법으로 거리 활성화를 할 때는 시미즈가 말한 것처럼 '의지와 계산기'라는 두 가지를 겸비하는 것이 중요하다.

건물주에게 빈 점포를 빌려 의욕 있는 사람에게 빌려주는 전대업도 했다. 그게 가능하도록 필요한 리노베이션을 하는 것이 우리의 주된 사업이다. 새로운 가게에서 나오는 임대료가 사회의 수익이 된다. 그 수익으로 다시 새로운 리노베이션 자금을 마련한다. 이러한 전대 디벨로퍼 역할이 현대판 야모리의 하나의 형태다.

언젠가 기회가 되면 음식점에 재도전한다는 생각도 한다. 카페 로카의 역할은 그렇게 발전적으로 해소되었다.

제5장에 소개한 성공 요인

- 뜻있는 건물주와 만남.
- 거리에 재미있는 사람들이 모이는 거점을 만들다.
- 사업 성공을 위해 초기 투자를 최대한 줄인다.
- 성공하기 위해서는 네트워크를 철저히 활용한다.
- 장사는 고객과 마주하고, 수치와 마주하고, 직원과 마주하며 경영하는 것이다.
- 재미있는 가게가 하나 생기면 거리에 변화가 생긴다.
- 이익이 생기지 않는 사업은 실패로 생각하고 바로 접는다.

로컬 리노베이션: 아타미의 거리 활성화

제6장

거리의 팬은
비즈니스에서도 생긴다

게스트하우스 마루야

이제까지 팀 시골정원, 온타마, 카페 그리고 뒷부분에 소개할 바닷가 아타미 마르셰를 하면서 일관되게 한 일은 외지인을 불러들이는 일이 아니었다. 우선 주민들이 지역의 팬이 되어 지역 활성화의 열기를 북돋는 것이 중요했다.

이런 노력의 결과로 "우리 지역 재미있네"라는 소리가 거리의 내외에서 들렸다. 거리에 사람을 불러들이는 기능이 무르익었다고 체감하게 되었다.

카페 로카 다음에 시도한 리노베이션 프로젝트는 게스트하우스였다. 해외여행을 하면서 인상에 남은 좋은 거리에는 좋은 게스트하우스가 있었다. 그런데 내 고향에는 온천 료칸은 많았지만 내가 묵고 싶은 게스트하우스는 없었다.

아타미 리노베이션 거리 활성화에 깊게 관여하는 블루 스튜디오의 오시마 요시히코(大島芳彦)는 항상 이렇게 말한다.

"내가 아니면, 여기가 아니면, 지금이 아니면 할 수 없는 사업을 만들자."

재미있는 거리 아타미 긴자라는 장소에서, 지역을 즐기는 주민들이 늘어난 지금 할 수 있는 일, 해야 하는 일이 게스트하우스라고 생각했다.

우리와 오구라 이치로(小倉一郎)라는 건물주와의 깊은 유대 관계 때문에 시작된 프로젝트이기도 하다.

게스트하우스를 열고 싶은 장소는 카페 로카 건너편으로 예전에 파친코였지만 10년간 빈 점포였던 곳이었다.

천 평 크기의 파친코가 문을 닫고 철거 작업을 해서 바닥도 울퉁불퉁한 상태였다. 환기 시설도 없어서 임차인이 없었다.

단순 임대에만 천만 엔(약 1억 원)이 들기 때문에 투자도 어려운 상태였다. 건물주 오구라 이치로는 비영리법인 아타미스타 이사로서 계속 거리 활성화 활동을 함께했다. 나보다 10살 위인 오구라는 아타미에 돌아오기 일 년 전인 2006년에 만났다.

어떤 사람을 통해 소개받았는데, 그때 처음 아타미의 상태에 관해서 듣게 되었다. 그 후로 계속 아타미 거리의 일은 전적으로 오구라의 도움을 받았다. 오구라가 없었다면 온타마 활동도 시작하기 어려웠을 것이다.

그랬기 때문에 오구라의 물건을 어떻게든 살려보고 싶었다. 단지 게스트하우스를 하고 싶었다면 심사숙고하여 게스트하우스에

적합한 물건을 찾았을 것이다.

그러나 이 프로젝트는 오구라 건물에서 10년간 비어있던 1층을 새로 살리고 싶다는 목적으로 시작한 것이다. 무엇을 하면 좋을지 궁리하다 보니 게스트하우스가 그 답으로 나온 것이다.

게스트하우스 프로젝트는 2013년 11월 아타미에서 개최한 제1회 리노베이션 스쿨@아타미에서 처음 나왔다.

아타미에 존재하는 빈 점포 등의 물건을 소재로 2박 3일간 사업계획을 세워 건물주에게 제안하고, 허락하면 최종적으로는 사업화하는 대회였다.

이 대회에서 게스트하우스 플랜이 나왔다. 카페 로카를 디자인한 시마다 요헤이와 내가 만든 팀이 제안한 것이다.

보통은 건물주에게 제안하지만, 이례적으로 건물주인 오구라도 프로젝트 멤버로 합류했다. 또 다른 멤버로 시청 공무원과 그 후 이를 계기로 주식회사 마치모리의 대표가 되는 현대미술 작가 도이다 유(戸井田雄), 같이 대표가 된 부동산관리 전문가 미요시 아키라(三好明), 그리고 오이소(大磯) 거리 활성화로 유명한 하라 다이스케(原大祐) 등이 참가했다.

결과적으로 이 멤버의 대부분은 게스트하우스 설립과 주식회사 마치모리 증자에 함께 출자했다.

여러 가지 곤란한 상황을 넘기며 게스트하우스를 오픈했다. 이름은 건물주의 택호인 마루야기스케 상점(丸屋喜助商店)과 빌딩 이름인 마루야 빌딩에서 따와 게스트하우스 마루야(MARUYA)*로 정했다.

한번 묵으면 습관이 된다

게스트하우스는 교류형 숙박 시설이다. 게스트하우스 마루야의 형태는 다음과 같다.

우선 방은 캡슐 형태로 촘촘하게 21실이 있고, 30명이 묵을 수 있는 공간이 하나 있다. 그 외에 숙박자 등을 위한 공유공간으로서 앉아서 차를 마시고 대화할 수 있는 라운지가 있다.

우리는 게스트하우스 고객이 아타미 거리를 즐길 수 있는 다양한 장치를 준비했다.

아타미는 온천으로 유명하지만 게스트하우스에는 온천이 없어서 외부의 온천을 이용할 수 있도록 했다.

근처에 1,300년 된 니코테오유(日航亭大湯) 온천과 역시 역사가 오래된 후쿠시마야(福島屋) 온천을 골라서 이용할 수 있다.

조식 밥과 된장국은 게스트하우스에서 제공하지만, 근처 건어물 가게에서 좋아하는 것을 사 와 테라스에서 그릴에 구워 먹을 수 있다. 게스트하우스 앞에 3개의 건어물 가게가 있어서 우리 지역에서만 제공할 수 있는 서비스다.

이렇게 게스트하우스에 숙박하면 자연스럽게 거리로 나가 거리와 접점이 생길 수 있도록 했다.

이제까지는 료칸과 관광호텔에 숙박하고 식사도 내부에서 해

● https://guesthouse-maruya.jp (역주)

게스트하우스 마루야와 내부

마루야 앞에 있는 가메쓰루 건어물집

결하는 경우가 대부분이어서 좀처럼 거리로 나올 기회가 없었다. 좀처럼 변하지 않을 방식일 테지만 그런 식으로 선택지가 적은 것은 정말 안타까운 일이다.

마루야는 1박에 1인 4,000엔 정도 가격으로 묵을 수 있다. 큰비용을 들이지 않아도 장기 체류할 수 있다. 숙박에 돈을 쓰지 않고 거리에서 마시고 걸으면서 지역을 즐길 수 있다.

그렇게 마루야에 머물면서 동네 술집을 몇 집이나 가는 사람도 많다. 아타미에는 원래 술집 여러 곳을 도는 문화가 있어서 그런 문화를 손님들과도 공유한다. 그러다 마음에 드는 술집이 생겨 단골이 되기도 한다.

이렇게 숙소의 팬보다 거리의 팬을 만드는 것이 마루야의 역할
이다.

"한번 묵으면 습관이 된다."

그런 숙소가 되는 것이 마루야의 존재가치다.

게스트하우스 개업의 어려움

게스트하우스 개업도 만만찮은 과정이었다. 맨 처음 리노베이
션 스쿨에서 아이디어가 나오고 2년의 세월이 걸렸다.

우선 최초 6개월은 카페 로카의 경영을 수정하는 시간이었다.
적자 상태로 다음 프로젝트인 게스트하우스를 시도하긴 어려우니
카페 로카의 경영 상태를 수정하여 다음을 도모했다.

다음 6개월은 게스트하우스 운영이 가능한 건물인가에 대한
조사와 행정의 인허가를 위한 시간이었다. 리노베이션 스쿨에서 강
사를 하고 카페 로카를 설계한 시마다의 라이온 건축사무소에 그
역할을 부탁했다.

법률상 건물은 마음대로 용도변경이 불가능하다. 원래 상점이
었던 물건을 숙박 시설로 변경하려면 용도변경을 신청해야 했다. 지
은 지 60년 넘는 건물의 용도를 변경하는 과정은 매우 힘들었다.

건축기준법을 지키며 지었다는 것을 증명하기 위해 건설 당시의 확인신청서가 필요했지만, 오래된 건물이어서 건물주가 보관하고 있지 않았다. 행정기관에도 기록이 없었다. 하나하나 처음부터 다시 검사해야만 했다. 그러면 방대한 시간과 경비 때문에 초기 투자가 너무 많이 들어 채산성이 없어진다.

그런 난관도 어찌어찌해서 통과하고 보건소, 소방, 건축 등 각 인허가 행정도 무사히 마쳐 게스트하우스로 활용할 수 있게 되었다. 동시에 게스트하우스 설계도도 완성했다. 그리고 드디어 공사에 착수했다.

그러나 완공 직전 다시 벽에 부딪혔다.

법률이 지금처럼 엄밀하지 않았던 시대에 지은 오래된 건물에는 건축기준법상 인정되지 않는 형태의 증축 등이 이루어진 경우가 있다. 그런 것도 그대로 사용하면 위법이 된다. 공사가 이미 완료되었음에도 소방검사 위반으로 나와서 공간을 변경하지 않으면 불필요한 경비가 발생할 상황이었다.

인허가하는 행정도 어떻게든 대응해 주었지만, 조정 시간이 들어 변경 후의 사양을 허가받는 데만 1개월 이상이 필요했다.

이미 오픈 준비도 하고 직원도 고용한 상태였다. 실질적으로 수백만 엔(약 수천만 원)의 손실을 보았다. 오픈까지 계속 이런 힘든 상황이 이어졌다.

게스트하우스 개업을 도운 사람들

많은 어려움에도 개업할 수 있었던 것은 많은 사람이 도왔기 때문이다. 지금도 마루야의 한편에 도와준 분들의 이름이 남아있다. 70명 이상이다.

아타미 주민뿐만 아니라 도쿄 등에서 오는 사람, 매주 도우러 온 사람도 있다. 이런 사람들과 페인트를 칠하고 침실 벽을 세우고 바닥을 깔았다.

게스트하우스 설계와 시공 일부, DIY 공사 기획을 해준 것은 핸디하우스 프로젝트(HandiHouse project)의 나카타 유이치(中田裕一)다. DIY는 'Do It Yourself'의 약자로 공사를 스스로 하는 것이다.

핸디하우스 프로젝트는 '망상에서 설립까지'라는 슬로건으로 설계에서 시공까지 모든 과정에 시공주를 끌어들여 자기 손으로 집을 짓게 하는 건축가 집단이다. 나카타와 핸디하우스 프로젝트 멤버 덕에 많은 사람의 힘을 빌려 게스트하우스를 지을 수 있었다.

그러나 이들만으로는 DIY 공사를 진행하기 어려워 지역의 인력 회사와 설비 회사의 힘도 빌렸다. 특히 지역의 오타테건설(大館建設)은 큰 도움을 주었다. DIY를 한다는 것은 인력 회사로서는 귀찮은 일이다. 공사 전문가가 일하는 옆에 초보자가 얼쩡거리니까. 그러나 그런 상황도 흔쾌히 받아주었고, 우리의 무리한 요청도 언제나 불평 없이 "예, 어떻게든 해볼게요"라고 말하며 현장 인력들과 조정해 주었다.

마루야의 객실은 하나하나 디자인이 다르다. 아타미에 관련이 있는 사람, 직원, 아타미의 예술가 등 다양한 사람들이 디자인과 벽지 선택에 참여했기 때문이다.

공사 전반을 지지해 준 사람은 게스트하우스 건립을 계기로 주식회사 마치모리 대표로 취임한 도이다 유(戸井田雄)다. 현대미술 작가이며 공사도 할 수 있어 현장에서 설계사나 인력 회사와 소통하면서 일해주었다.

인허가 과정에서 행정과의 소통은 리노베이션 거리 활성화를 함께 추진한 아타미시 산업진흥실 분들이 도왔다. 행정으로서 보조금을 주는 것이 아니라 현장에서 함께 땀 흘리며 조정에 힘써주었다.

게스트하우스 운영에 관해서는 나카무라 아쓰요시(中村功芳)에게 많은 것을 배웠다. 나카무라는 오카야마현에서 게스트하우스 유린앙(有鄰庵)을 세워 게스트하우스 서밋이나 게스트하우스 개업 합숙 등을 하며 지역과 함께 만드는 게스트하우스 프로젝트를 진행한 사람이다. 나카무라는 아타미를 방문하여 게스트하우스 콘셉트와 숙소 운영, 손님 모집 등에 관한 계획 만들기를 지원해 주었다.

오픈 3개월 전, 새로운 게스트하우스 직원을 고용하면서 점점 체계를 갖춰갔다. 오픈 후 1년 이상 건립부터 현장 운영까지 지원해 준 사람들은 카페 로카를 재생한 직원들이었다. 게스트하우스 건립 후에 합류한 직원들을 포함해 이들이 큰 힘이 되었다.

게스트하우스의 자금 조달

게스트하우스를 만들기에 앞서 초기 투자를 절약했지만, 그래도 그 규모는 카페를 만들 때의 10배 이상인 4천만 엔(약 4억 원)을 넘었다.

전체 4천 5백만 엔(약 4억 5천만 원) 정도를 자금 조달하고, 그 가운데 740만 엔(약 7천 4백만 원)은 회사에서 증자했다.

아타미의 료칸, 지역의 가스 회사, 아타미 긴자의 상점 등 아타미 내외의 사람들 20여 명으로부터 출자받았다.

그 외는 은행에서 대출받았다. 회사의 사업 실적은 별로 좋지 않은 상태였지만, 리노베이션 거리 활성화가 필요하다는 것은 이해해 주었기에 상공회의소 사람들도 한마음으로 지원해 줘서 정책금융금고 형식으로 대출받았다. 지역의 신용금고와 은행도 어떻게든 지원해 주었다.

게스트하우스 사업계획은 이미 카페에서의 경험 그리고 여러 개의 게스트하우스 사업계획을 보고 배우면서 계획했기에 꽤 확실한 목표 수치를 구상할 수 있었다. 실제로 2년 차에 거의 초기의 계획대로 목표를 달성했다.

금융기관의 대출은 어려운 과정이었지만, 건립 단계일 뿐인 이 프로젝트를 지역 내외의 미디어가 크게 다루어주었기에 그나마 대출이 가능했던 것 같다. 아타미 거리의 관광객 수가 회복하기 시작한 것도 큰 도움이 되었다고 생각한다.

크라우드펀딩을 통해서도 자금을 모았다. 목표 100만 엔(약 천만 원)을 6일 만에 달성했다. 또 다른 200명의 지원으로 약 170만 엔(약 1,700만 원)의 자금도 모았다. 전국 리노베이션 스쿨 네트워크, 이제까지의 거리 활성화 네트워크 덕이었다.

크라우드펀딩을 진행하면서 가만히 있을 수는 없어서 응원을 부탁하며 100명 이상의 사람에게 메시지를 보내 정보 확산을 부탁했다. 크라우드펀딩의 모금도 중요했지만, 그 이상으로 이 일에 관심 가진 동료나 잠재적인 지역 팬들에게 정보를 알리고자 했다. 즉 홍보가 가장 중요한 목적이었다. 그렇게 네트워크를 만들어갔다.

2거점 거주의 입구가 되는 게스트하우스

일반적으로 게스트하우스는 외국인 배낭여행자가 묵으러 오는 장소로만 생각한다. 물론 그런 외국인들도 환영하지만, 우리 게스트하우스의 최고 손님은 도쿄 등 가까운 도시의 사람들이다.

도쿄에 살면서 직장 경력 2~3년 차인 20대 후반부터 30대 전반 정도의 여성으로서 도시가 아닌 지방의 삶에 관심 있는 사람들이 주요 타깃이다. 그런 사람이 스치듯 찾아와 마루야에 머문 것을 계기로 아타미가 마음에 들어 아타미를 오가게 되면 성공이라고 생각했다.

이런 타깃을 설정한 것은 내가 도쿄에서 살 때 매달 한 번은 아타미에 왔었기 때문이다. 도쿄와 시간의 흐름이 다르고, 대형 프랜차이즈의 편리한 가게가 아니라 개인 상점이 늘어선 거리의 해변에서 바다와 산을 보고 찻집에서 책이라도 읽는 시간을 보낸다. 도시와는 또 다른 일상을 지냄으로써 삶의 여유를 느낄 수 있고, 바쁜 나날의 피로를 풀 수 있었다. 그래서 또 하나의 생활 거점인 게스트하우스를 짓는다면 반드시 많은 사람이 호응할 것으로 생각했다.

아타미에 1박만 하러 오는 것도 아니고 완전히 이주하려고 오는 것도 아닌, 관광과 이주 사이, 즉 여행하는 것과 사는 것 사이의 다양한 삶의 방식을 만드는 것이 게스트하우스뿐만 아니라 아타미의 미래 거리의 본모습이다.

그 소중한 하나의 계기가 되고 싶다, 2거점 거주의 입구가 되는 게스트하우스를 만들자는 것이 마루야의 콘셉트다.

내가 아타미에서 거리 활성화를 계속하는 이유는 지역을 어떻게든 변화시키고 싶어서이고, 지역을 통해 도시 사람에게 풍요로운 삶을 전하고 싶어서다. 그것을 이 마루야를 통해서 실현하고 싶다.

기쁘게도 게스트하우스를 계기로 이주하고, 2거점 거주를 시작하고, 새로 아타미에서 창업하려는 사람들이 나오고 있다. 매달 마루야에 묵으러 오는 사람도 있다. 초기의 목적을 기대 이상으로 달성했다.

아타미는 인바운드 비율이 낮다

아타미를 찾아오는 사람들은 외국인보다 일본인이 훨씬 많다. 2016년 해외 여행객 비율은 2%였고, 2015년에는 1%였다.

외국인이 적은 최대의 이유는 낮은 인지도와 시설 부족 때문이다. 혼자 숙박할 수 있는 시설이 적고, 특히 배낭여행 등을 하며 싸고 편하게 숙박할 수 있는 시설이 적었다.

아타미의 노포 료칸에서는 숙박이나 요리를 권유하며 높은 수준의 서비스를 높은 가격으로 제공하는 스타일이 지속되었다. 이미 단골이 있기에 인제 와서 가격을 낮춰 서비스해야 할 이유가 없었다.

그러나 아타미의 미래를 장기적으로 고려한다면 외국 여행객의 증가는 꼭 필요하다. 일본 인구는 줄어들기 때문에 외국인 관광객은 더더군다나 중요하다.

외국인 고객을 대상으로 아타미의 본질적인 매력을 보여주는 것은 관광지로서의 가치를 높이는 것이다. 일본이 아닌 다른 나라 사람이 오는 것, 다문화와 만나는 것은 이 거리의 정체성을 발견하고 계속 발전시켜 나가는 데도 연결되는 일이다.

그런 매력적인 곳이 되면 일본인들도 반드시 매력을 느낄 것이다.

얼마 전 아타미시가 연 회의에서 외국인 고객을 30만 명으로 늘리는 것을 목표로 하자고 논의했다. 이 회의에 노포 료칸 경영자도 참석하여 외국인 고객 유치의 필요성에 관한 지역사회의 열의를 느낄 수 있었다.

다만 기존 료칸들은 거리에 외국인 고객이 느는 건 좋을 수 있지만, 료칸까지는 필요 없다는 본심을 가졌을 것이다. 또한 외국인 고객이 늘면 귀찮다고 여겼을지도 모른다. 그럼에도 인구감소와 고령화 추세를 고려하면 외국인 고객 유치는 필수가 될 것이다.

배낭여행의 편리성을 늘리는 것도 중요하다. 그들에게 적극적으로 정보를 알릴 필요가 있다. 가이드북 『론리 프레닛』에 나와 있는 아타미 정보는 정말 볼품없다. 특별히 볼 것도 없고 숙박료가 비싸서 이토 또는 시모다로 간다고 나와 있다.

배낭여행을 했을 때 이 자료를 보고 언젠가는 이것을 고치겠다고 생각했다. 유럽과 풍요로운 아시아 나라에서 오는 게스트가 거리를 걷고 즐기는 상태가 되면, 그 거리는 더욱 매력적으로 될 것이다. 이렇게 외국인 고객을 늘리는 것도 게스트하우스 목적의 하나다.

여행자가 올수록 거리는 플러스가 되는 관광

게스트하우스가 있으면 거리를 찾는 사람들의 체류 방법이 조금씩 바뀌어간다.

예를 들어 마루야에 묵은 청년이 그 앞의 건어물 가게와 친하게 되었다는 소식을 들은 적이 있다. 혹은 긴자거리에 있는 가게들에서 지역 주민이나 상점 주인들과 친해졌다는 이야기도 들었다. 이런 음식점과의 연대가 늘어서 기뻤다.

"안녕하세요", "어서 오세요"라며 맞아주던 음식점들이 지금은 "항상 고맙네요"라고 말을 건넨다. 나도 "저야말로 항상 감사드립니다"라고 답한다. 가게들은 "항상 마루야 손님이 와요. 얼마 전에 이런 손님이 와서…"라고 알려준다. 이러한 가게들이 마루야를 지탱해 준 것이라고 실감한다. 우리들과 지역 음식점들과의 관계를 게스트하우스 손님들이 엮어주는 것이다.

게스트하우스가 있으면 다양한 형태의 교류가 이어져 여행자나 지역 주민이 기분 좋게 지낼 수 있는 환경이 만들어진다.

예전 관광은 대량생산 대량소비형이었다. 관광객이 오면 많은 쓰레기가 생길 뿐이었다. 세계문화유산도 사람이 올수록 황폐해지는 경우가 있을 정도다. 그래서는 거리에 어떤 플러스도 생기지 않는다.

게스트하우스에서 작은 움직임을 만들어 관광객이나 지역에 플러스가 되는 관광을 만들고 싶었다.

아타미 중심가의 쇠퇴 원인은 대형 료칸과 호텔이 모든 손님을 가두어버린 데 있다. 우리의 시도는 그런 거리 쇠퇴 원인에 대한 안티테제와 같다.

거리 사람들이 느낀 변화, 사람이야말로 거리의 디스플레이

마루야를 오픈하고 6개월 동안 인지도도 별로 없어서 고생했

마루야에 모인 사람들

다. 그러나 착실히 만족도를 높여 단골을 늘리는 노력을 했고, 미디어에도 자주 소개되었다.

미디어에 소개된 이유는 이 게스트하우스가 리노베이션 스쿨에서 시작된 사업으로서는 처음으로 현장에서 실천한 사업이기 때문이다.

인터넷에서는 크라우드펀딩 모금 프로젝트도 인기를 끌었다. 이렇게 두루 알려진 덕분에 게스트하우스 실적이 나아졌다.

지금은 목표한 대로 외국인들도 오고 20~30대 여성 고객도 많다.

게스트하우스에서는 매주 토요일 거리 걷기 투어 등을 하고, 직원 모두 아타미를 잘 알고 있어서 손님들에게 지역 정보를 구체적으로 안내한다. 숙박 시설로서는 조금 독특하고 재미있는 장소가 되었다.

거리의 풍경도 많이 바뀌었다. 빈 점포투성이였던 거리에 음식점이나 상점이 늘었다. 전보다 많은 사람이 다니는 거리로 변했다.

"여기는 항상 청년과 외국인이 있군요"라며 사람들이 말한다. 거리에 있는 사람들이 즐거워하는 모습이야말로 거리의 디스플레이라고 생각한다.

거리가 바뀐다는 것은 리노베이션으로 멋진 건물이 들어서며 시작되는 것이 아니라 사람이 모여듦으로써 변화하는 것이다.

거리의 팬을 만든다는 목적으로 활동한 온타마는 일 년 중 1~2개월만 개최하는 이벤트에만 제한적인 참여자가 있어서 채산성도 없었다. 그러나 게스트하우스를 통해 매일 거리의 팬을 만들 수 있게 되었다. 사업 이익이 나오고 계속 발전할 수 있는 형태가 되었다.

마루야 오픈 후 2년 동안 1만 명 넘는 손님이 숙박했다. 아직도 성공은 아니고 도전 중이지만, 방향성은 틀리지 않았다는 생각에 보람을 느끼기 시작했다.

제6장에 소개한 성공 요인

- 거리에 부족한 기능을 찾아 그것을 사업화한다.
- 게스트하우스의 팬보다 거리의 팬을 만든다.
- 게스트하우스 손님이 자연스럽게 거리와 접점을 가지도록 기획하기.
- 크라우드펀딩, DIY, 출자 등으로 사업 참가자를 늘리고 끌어들인다.
- 사업 콘셉트와 고객 타깃을 명확하게 그리기.
- 거리에 있는 사람들이 즐거워하는 모습이야말로 거리의 디스플레이.

로컬 리노베이션: 아타미의 거리 활성화

제7장

사업이 차례로 성장하는
환경을 만들자

해변의 아타미 마르셰

이 거리에는 미래가 없다.

우리가 카페를 시작했을 때 거리에는 패배 의식이 만연했다. 그런데 변화가 일어나자 점점 분위기가 바뀌어갔다. 밝은 희망이 보이고 적극적으로 변하기 시작했다.

그것을 더욱 가속하기 위해 '해변 아타미 마르셰: 크래프트 & 파머스 마켓'*을 시작했다. 2개월에 한 번 거리를 보행자 천국으로 만들어 마르셰를 개최하는 것이다.

우리가 실행위원회를 만들었고, 상점가와 주변 지역 마을회장의 도움으로 개최했다. 1회 때에 20개 점포가 참여했는데 점점 늘어 상시로 40~50점포가 참여한다.

2013년 11월 제1회를 개최했다. 아타미 긴자거리를 보행자 천국으로 하여 노상에 많은 가게를 열었고, 4천 명 가까이 방문했다.

● https://atamimarche.jp (역주)

해변의 아타미 마르셰

평소에는 600명 정도만 오가던 거리에 이렇게 많은 사람이 온 것을 보고 감동했다.

"축제 이외에 이렇게 사람이 모여든 것을 본 게 몇 년 만인지."

주변 상인들은 이런 말을 했다.

마르셰는 단순히 상점가 부흥을 위한 것이 아니라 다음의 두 가지 목적을 위해 개최했다.

거리에 앞으로 가게와 공방을 차리고 싶은 사람을 발굴하고 응원하는 장이 되고자 했고, 또 하나는 도로라는 평소 활용되지 않는 공공공간을 사람이 지내는 장소로 활용하고자 했다.

아타미에서 장사하고 싶은 사람이 자기 사업을 테스트하는 기회를 제공하고 싶었다.

마르셰 참가 조건은 '수제, 로컬, 장사 도전', 이렇게 세 가지다.

우선 '수제'일 것. 앞으로는 상품을 입고하여 파는 장사 방식은 어렵다. 특히 지방 등 사람이 적은 곳에서 박리다매는 힘들다. 그러나 스스로 만들어 파는 것이라면 이익도 높고 수익도 많이 날 수 있다. 그래서 플리마켓처럼 자기 집에서 필요 없는 의류 등을 늘어놓고 파는 사람들이 참가해 주길 부탁했다.

다음 '로컬'이라는 조건은 전국의 누구나 참가하는 건 아니라는 의미다. 대상은 아타미와 인근의 이즈반도, 시즈오카현, 가나가와현 서부 근처 사람, 혹은 다른 지역이라도 아타미에 입점할 관심이 있는 사람으로 했다.

셋째, '장사 도전'은 취미로 판매하려는 사람보다는 착실히 장사하려는 의지가 있는 사람이 와달라는 의미다.

마르셰는 이 기준으로 참가자를 선발한다. 2013년 개시 이래 2017년까지 매해 6회씩 개최했다. 기쁘게도 이 마르셰는 도전의 장으로 입지를 확고히 다지게 되었다.

예를 들어 아타미의 도예 작가와 농가, 이동 음식 판매나 앞으로 음식점을 시작하고 싶은 사람 등이 입점했다. 그리고 창업하려는 사람과 가게를 차리고 싶다는 사람들도 입점했다.

시작하면서 양해를 구한다

사실 마르셰를 제안했을 때 상인의 절반 정도가 찬성했지만, 나머지 반은 반대했다. "보행자 천국이 되면 차도 못 다니고 우리 가게 장사에 방해가 된다"라는 것이 이유였다.

이제까지의 경험으로 사전에 모든 사람의 만장일치는 불가능하다는 것을 배웠다. 그래서 한 곳 한 곳씩 찾아가 설명했다. 그러나 실제로 해보지 않으면 이벤트 효과를 이해하기는 어려웠다.

우리의 전술은 '시작하면서 양해를 구하러 간다'는 것이었다. 거리를 바꾸는 데 건물주나 상인과의 연대가 없으면 좋은 성과를 내기 어렵다고 생각했기 때문이다. 그렇기에 시간이 걸리더라도 거리 사람들과 관계를 만들고자 했다.

마르셰를 초기부터 2017년 3월까지 지원해 준 것은 실행위원장도 맡은 우에다 쇼코(植田翔子)와 대학생 인턴들이었다. 인턴은 2011년부터 받아들여 이제까지 16명을 받았다.

6개월에서 1년간 아타미에 살면서 인턴한 사람이 대부분이다. 이들은 우리의 신규 사업 설립 등을 현장에서 도왔다. 마르셰에서도 마찬가지였다.

1회 마르셰를 개최할 때 모든 가게를 4~5번 방문하여 설명했다. 처음에는 지역 사람들로부터 혼나는 등 험한 경험도 많았다.

이런 과정을 6개월 정도 경험한 어떤 인턴은 "두 번 다시 거리 활성화인지 뭔지 하고 싶지 않아요, 너무 힘들어요"라며 울기도 했다.

그러나 계속하면 변화는 나타난다. 그 학생이 1년 후에 다시 왔을 때 그렇게 고생했던 그 거리에 좋은 변화가 나타난 것을 보고 놀랐다.

"상점가 사람들이 마르셰를 응원해 주고 있네요. 눈물 나요."

그렇게 실제 변화는 서서히 나타났다. 6개월 후에는 우호적인 분위기가 좀 더 늘었고, 1년이 되어갈 무렵에는 응원해 주는 목소리가 늘었다. 2년 차가 되니 "보행자 천국이 되면 매상이 줄어든다"라고 말하던 사람도 마르셰에 참여해서 물건을 팔았다는 소리를 듣게 되었다.

가장 기뻤던 것은 3년 차가 되었을 때 상점가의 몇 명이 "마르셰에 신세를 졌네. 우리도 무언가 하지 않으면 안 될 것 같아"라고 말해준 것이다.

우리의 목표는 스스로 거리를 만드는 사람이 한 명이라도 느는 것이다. 누군가의 시도에 의존하는 것이 아니라 스스로 움직여야겠다고 생각하는 데 마르셰가 기폭제가 된 것 같아서 기쁘다.

"시작하면서 양해를 구하러 가자"라고 했지만, 그저 양해를 구하러 간 게 아니다. 마르셰의 개최 목적을 자세히 설명했다. 단 하루의 이벤트로 이익을 얻으려는 게 목적이 아니다, 처음엔 기존 가게의 매출이 줄어들 수도 있다, 그러나 마르셰를 계기로 빈 점포에서 창업하는 사람이 생기면 결과적으로 상점가가 북적거리게 된다… 이런 이야기를 했다. 그랬더니 동의하는 사람이 늘었다.

마르셰를 계속한 결과, "아타미 긴자는 요새 뭔가 여러 가지 하네. 북적거리지 않아?"라는 말을 듣게 되었다.

마르셰에 입점하는 모든 사람이 아타미의 거리에서 창업하겠다고 생각하는 것은 아니지만, 그래도 어느 정도는 빈 점포와 사용하지 않는 창고 등을 수리하여 개업하는 사례가 나타났다.

아타미 마르셰에 의해 아타미의 중심가 점포는 새로운 사람의 도전 장소로 유명해졌다.

마르셰에는 많은 자원봉사자도 참가했다. 아타미에서 일하는 사람, 이주자, 도쿄에서 오는 대학생 등 다양한 사람들이다.

그냥 단순히 아타미 긴자에 소비하러 오는 것이 아니라 무언가를 하러 오는 사람들이 늘어나면서 "아타미 긴자 재미있네"라는 반응이 형성되었다.

마르셰의 또 하나의 목적인 도로라는 공공공간의 활용 면에서도 많은 사람이 북적거리고, 거리에 사람들이 즐거운 얼굴로 넘쳐나는 모습을 보며 그 가능성을 느끼게 되었다.

차례로 창업이 일어나는 코워킹 스페이스

마르셰의 효과 등으로 아타미에서 새롭게 창업하는 사람 혹은 창업하고 싶은 사람들이 서서히 나오기 시작했다.

그러던 중 아타미시 관광경제과 산업진흥실에서 연락이 왔다.

"시 차원에서 창업지원사업을 실시하기로 했어요. 예산도 있으
니 무엇을 하면 좋을지 알려주세요."

창업가 대상의 인큐베이션 시설을 만들자는 의견이 나왔다. 행
정이 시설을 만들어 지원하는 형식이다.

이제까지 여러 가지 리노베이션 거리 활성화를 함께 진행해 왔
던 사람들이었기 때문에 나는 그들에게 솔직하게 이렇게 말했다.

"하코모노(탁상행정)를 만들어서 어쩌자는 건가요. 그렇게
하지 말라고 말을 해왔잖아요.

장소는 우리 민간이 만듭니다. 단 행정도 민간과 같이 장소
에 회비를 내고 이주해 주세요. 산업진흥실이 시청에 있을 필요
는 없잖아요.

거리로 나와 민간의 사람들이나 창업자가 있는 장소에 있어
야 사업자의 니즈도 잘 알 수 있습니다."

그렇게 시작한 것이 '나에도코(naedoco) 프로젝트'*다.
사실 우리도 새로운 거점 만들기를 구상하고 있었다.

● https://naedoco.jp (역주)

계기는 리노베이션 스쿨이었다. 2013년 제1회 리노베이션 스쿨 개최 후 2014년 6월 제2회 리노베이션 스쿨@아타미를 개최했다. 그때 과제가 된 물건의 하나가 아타미 긴자의 사토쓰바키 빌딩이었다. 건물주 사토 히데유키(佐藤秀幸)는 오랫동안 아타미 긴자 상점가 진흥조합 이사장을 역임한 분이다.

빌딩 1층에는 다이쇼 시대●부터 동백기름을 제조·판매하는 가게가 있고, 2층은 이 빌딩이 세워진 이래 57년간 사용하지 않은 공간이 있었다. 여기에 2016년 7월 '나에도코'라는 코워킹 스페이스를 만들었다.

코워킹 스페이스에는 와이파이 인터넷 환경이 조성되어 있다. 인터넷과 휴대폰이 있다면 일단 사업이 가능하다.

일부 공간에 부스를 설치할 필요도 있겠지만 아직 고정석은 없다.●● 사용료는 1인 월 만 엔(약 10만 원)이고, 2명째부터는 1인 월 7,500엔이다.

또한 나에도코 주소에 회사의 법인등록이 가능하여 이 경우는 1개월에 5천 엔이 추가된다.

여기에서 새롭게 사업계획을 만들거나 기존 기업의 위성사무실로도 사용할 수 있다.

그 외에도 대학교수, 프리랜서 등도 입주하고 있다. 또한 단순한 사무실 임대가 아닌 코워킹 스페이스의 이점 때문에 방문자 간 활

● 다이쇼 시대는 1912~1926년까지이다. (역주)
●● 2024년 2월 현재 고정석을 운영 중이다. (역주)

코워킹 스페이스 나에도코

발한 커뮤니케이션도 생기고 있다. 아울러 창업지원 스쿨을 여는 등 다양한 프로그램도 진행한다. 시에서도 협력하여 이곳에서 창업자들을 만들고자 한다.

이 장소를 통해 얼마나 많은 일과 산업이 만들어질 것인가가 도전 과제다. 더 높은 가치의 산업을 만들고 평균소득을 향상하는 것이 리노베이션 거리 활성화에서 만들어야 할 성과이기 때문이다.

제7장에 소개한 성공 요인

- 거리에 기업이 생기기 위해 창업 다음 단계를 준비한다.
- 거리를 바꾸기 위해서는 합의 형성보다 보고 느끼고 나서 바꾸게 하는 것이 중요하다.
- 지속가능한 사업을 만들기 위해서는 탁상행정 사업보다 민간이 주도하는 사업이 필요하다.
- 진정으로 거리의 재생을 실현하기 위해서는 많은 기업이 만들어져야 한다.

제**8**장

비전을 그리고
거리를 바꾼다

창의적인 30대가 선택하는 거리

주식회사 마치모리를 설립했을 때 아타미 긴자에 비전을 내걸었다.

"창의적인 30대가 선택하는 거리를 만들자.
Third Place Creative 30s."

지역재생에 30대가 핵심 역할을 할 것으로 생각했기 때문이다. 반드시 디자이너와 아티스트 같은 크리에이터만 오라는 의미가 아니다. 창의적인 사람이란 '스스로 일과 삶을 만들어가는 사람'을 의미한다. 창업가도 또한 창의적인 존재다.

이런 사람들이 활동하기 편하고 도전하기 쉬운 환경을 만드는 것이 우리의 미션이다.

그러나 기존에는 휑한 곳이고 무력감에 어두워진 지역이었기 때문에 우리부터 가게를 내서 움직임을 만들고 침체된 공기를 바꾸고자 했다.

카페나 게스트하우스는 창의적인 30대가 선택하는 거리 만들기라는 비전을 실현하기 위한 수단이었다.

스스로 일과 삶을 만들어가는 30대

"왜 20대나 40대가 아니라 30대인가?"

우리의 비전에 이런 의문을 가질 수 있다. 물론 30대라고 말하지만 20대 후반부터 40대 전반의 세대를 염두에 두고 있다.

30대 전후 세대에 특별히 주목하는 이유는 이 세대의 시작이 다른 세대에 파급효과가 크기 때문이다. 슬슬 노후를 구체적으로 의식하기 시작하는 육아세대이기 때문에 육아 등을 통해 지역과의 연대가 생기기 시작하는 세대다.

또한 열정적으로 일하며 사는 30대의 모습은 보다 젊은 세대에 귀감이 되어 나도 저렇게 열심히 일하는 사람이 사는 곳에 살고 싶다는 생각으로 연결될 수 있다.

시니어 세대는 30대의 적극적인 활동을 보고 응원할 수 있다. 실제로 창업한다면 20대 후반부터 30대가 제일 좋은 시기가 아닌가 한다.

그래서 창의적인 30대는 거리의 미래를 위해 정말 중요한 존재다.

그냥 단순히 아타미에서 편리하고 쾌적한 생활을 원한다면 불편할 수도 있다. 그러나 이런 거리야말로 뭔가 하고 싶은 사람에게는 아직 여백이 많고 재미있는 거리일 것이다.

아타미의 매력은 수도권에서 얻을 수 있는 것과 다르다. 수도권에는 없는 독자적인 문화를 잃는다면 아타미의 존재가치를 잃는 것이다. 그런 독자적인 문화를 새롭게 창조하기 위해 적극적으로 스스로 원하는 것을 만들어내려고 하는 창의적인 사람이 필요하다.

비 전 공 유 의 장 을 만 들 자

카페를 개업했을 때 우리의 비전을 주민들과 공유하는 장을 만들었다. 2011년부터 2012년 초까지 시미즈 요시쓰구의 협력으로 '거리를 바꾸는 워크숍'을 3회 개최했다.

건물주, 상인, 젊은 후계자들 그리고 다른 지역의 창업자, 디자이너, 아티스트 등 40여 명이 모였다.

우선 리노베이션 거리 활성화를 위해 구체적으로 작은 구역을 설정했다. 아타미 긴자 입구의 200제곱미터 구역이었다.

너무 큰 구역을 설정하면 구체적인 변화 효과를 보기 어렵기 때문에 작은 구역을 설정하여 서로 오가며 관계를 형성하고자 했다.

그 안에서 더 작은 구역을 구분하여 각각의 비전과 프로젝트를 구상했다. 미래의 거리 활성화 담당 팀을 만드는 느낌으로 진행한 것이다.

그러나 이런 형태의 워크숍에서는 그냥 단순한 비전과 사업을 생각하는 것만으로 만족하는 데서 그치는 경우가 많다.

그래서 우리는 구역의 비전을 제시하며 우리부터 나서서 우선 카페를 오픈했다. 비전과 함께 중요한 것은 그런 비전을 이끄는 주도적인 프로젝트이기 때문이다.

우리의 제안 외에도 도로를 보행자 천국으로 하자, 음식점을 내고 싶다, 실천적인 학습의 장을 만들자는 의견도 나왔다.

워크숍에 20대부터 60대까지의 사람들이 참가하여 함께 생각했다. 그 효과는 두 가지로 나타났다.

하나는 주민들이 지역에 의욕적이고 재미있는 사람이 많다는 것을 알게 된 것이다.

또 하나는 외지인들이 이렇게 적극적으로 미래를 생각하는 지역 사람들이 있다는 것을 알게 되었다는 것이다.

거 리 가 바 뀌 기 시 작 했 다

2011년 주식회사 마치모리를 설립하고 거리를 바꾸는 워크숍을 하고 나서부터 5년 동안 카페, 마르셰, 게스트하우스, 코워킹 스페이스 등 거리에서 매해 새로운 프로젝트를 했다.

그 결과 창의적인 사람들이 많이 모여들었다. 조금씩 비전을

이터블(Eatable of Many Orders)

실현하고 있는 것에 보람을 느낀다.

특히 2016년부터 이 거리에 재미있고 매력적인 플레이어가 점점 모이기 시작했다. 아타미를 거점으로 활동하는 패션 브랜드 'Eatable of Many Orders'*, 'caffe bar QUARTO'**, 'La DOPPIETTA'*** 등 3개 점포가 있다.

이터블은 도쿄와 파리에서 개인전을 개최하고, 대형 셀렉션 등에서도 취급하며 국내외에 팬이 있는 패션 브랜드다. 아라이 코지(新居幸治) 부부가 2007년 유럽에서 귀국하여 아타미에 아틀리에를 차

---

* http://www.eatableofmanyorders.com (역주)

** https://www.instagram.com/caffe.bar.quarto (역주)

*** https://la-doppietta.com (역주)

공유점포 로카(RoCA)

리고 활동하며 처음 점포를 내려고 할 때 아타미 긴자거리를 선택했다. 숍은 나에도코가 있는 사토쓰바키 빌딩 반지하에 있다.

caffe bar QUARTO를 시작한 가토 마이(加藤麻衣)와는 2010년 아타미 필드워크 프로그램에서 만났다. "언젠가 이탈리안 바를 개업하고 싶다"라고 말하더니 아타미에서 그 꿈을 이뤘다.

La DOPPIETTA의 오타 겐지(太田賢二)는 시즈오카현 출신이다. 이탈리아에서 피자를 배워 와서 피자점을 내고, 2호점은 나고 자란 곳에서 젤라토 숍으로 내고 싶다며 아타미 긴자를 선택했다. 2호점은 카페 로카 후에 공유점포를 낸 자리에 입주해 있다.

이외에도 아타미 항구 아지로(網代)에 인기 백반집이 문을 여는 등 빈 점포가 점점 채워지고 있다.

2011년에는 아타미 긴자거리의 30개 점포 중 10개 점포, 정말 1/3이 빈 점포였다. 이제는 점점 줄어 2018년에는 4개만 남았다. 아타미 긴자의 옆 거리 상점가에도 입점이 이어지고 있다.

많은 사람이 셔터 거리로 부르던 거리가 아타미 변화의 상징이 되었다. 한때 관광객도 주민도 좀처럼 다니지 않아서 2010년 보행량 조사에서 그 어떤 상점가보다도 다니는 사람이 없다는 통계가 나왔을 때 상인들이 결과를 보고 아연실색하던 표정을 아직도 잊을 수 없다.

6년이 지나 이제 변화가 시작되고 있다.

"딱히 용무가 없어도 긴자거리를 들러보게 되었습니다. 가면 누구라도 만나니까."

"정말 많이 변했어요, 청년들이 늘고 센스 있는 가게가 늘었어요."

지역의 지가도 드디어 오르기 시작했다. 리노베이션 거리 활성화의 목적인 거리의 가치 향상이 부동산 가치 상승으로 나타난 것이다.

청년, 여성, 시니어 등
다양한 사람이 만드는 분위기

아타미에서 일을 시작하고 새로운 삶을 살고 싶을 때 중요한 것은 여성의 감성이다.

일상의 삶에서 여성은 가사는 물론 육아에 깊이 관련되어 있다. 관광 부문의 서비스 현장 최전선에서도 여성이 활약한다.

이런 사실에 근거하면 여성의 의견과 느낌을 잘 알고 의견을 수렴하는 것은 새로운 일과 삶을 만들어가는 데 불가결하다.

또한 여성은 새로운 것에 바로 반응하는 경향이 있다. 우리가 진행한 온타마 활동 참가자의 70%도 여성이었다. 단체 관광이 개인 관광으로 변하고 연회형 패키지가 체험형으로 바뀌어가는 상황에서 이런 변화에 대응한 온타마 이벤트에 가장 빨리 관심을 가진 것이 여성이었다.

생활을 즐기는 일에 여성의 의욕이 더 강한 것인지도 모르겠다. 어쨌든 이런 적극적인 자세가 거리를 새롭게 만드는 원동력이다. 실제로 아타미에서 창업하려는 사람도 여성이 많다.

창의적인 30대가 선택하는 지역이 되려면, 새로운 것의 매력을 바로 발견하고 적극적으로 새로운 것을 원하는 여성들을 소중하게 여겨야 할 필요가 있다.

여성뿐만 아니다. 이제까지 거리는 남성 중심, 어른 중심이었다. 그러나 앞으로는 여성, 청년, 외지인, 외국인 등 나이, 성별, 국적에 상관없는 다양한 사람이 관여하여 유연하게 연대하며 함께 만드는 거리가 되어야 한다. 다양성을 수용해야 더욱 좋은 거리가 될 것이다.

리노베이션 거리 활성화의 미래

아타미 긴자의 다음 리노베이션 프로젝트는 공유주택이다. 이것도 2017년 1월 리노베이션 스쿨@아타미에서 생긴 프로젝트다. 거기에 참가한 멤버가 회사를 설립하고 준비하고 있다.

이 프로젝트 계획 수립에는 기업에서 인재 개발과 인재 육성을 하는 캐리어 카운슬러 사이토 메구미(齋藤めぐみ)가 관여한다.

10년 전부터 이토에 거점을 두고 아타미 료칸 경영자들에게 캐리어 카운슬링과 경영 코칭을 한 사이토는 료칸 종사자들의 노동환경에서 문제를 느낀 것 같다.

료칸 업계는 어디에서나 이직률이 높다. 그만두고 그 지역을 떠나버리는 경우도 다반사다.

그 외에 료칸, 호텔, 병원, 시청 등에서 일하는 많은 청년을 위한 주택이 부족하다. 청년 유출의 가장 큰 원인이 그것이다. 흔히 일이 없어서 청년이 떠난다고 말하지만, 아타미의 경우에는 일이 있어도 떠난다.

아타미에서 다른 지역으로 일하러 가는 사람은 약 4천 명이고,

다른 지역에서 아타미로 일하러 오는 사람은 약 6천 명이다.

이들 중에는 "아타미에 살고 싶지만, 마음에 드는 집이 없어서 별수 없이 아타미 밖에 산다", "아타미의 집이 비싸서 다른 지역에 산다"라는 사람이 많다.

아타미에 일자리를 얻어도 결혼과 출산으로 근처 오다하라 등으로 이주하는 사람도 있다.

어려서 아타미에서 자란 20대가 대학 진학과 취직 때문에 나가는 경우는 어쩔 수 없지만, 아타미에서 일하는 30대가 밖으로 떠나버리는 것은 문제다.

이것은 거리로서도 손실이다. 아타미에서 일하며 거리 가까이 살면 그곳에서 소비가 발생할 수 있지만, 다른 지역에 살면 소비 자체가 형성되지 않는다.

아타미의 집세는 평균적으로 주변 지역보다 비싸다. 아타미의 주택이 양극화되어 있기 때문이다.

새롭고 멋진 물건은 대부분 리조트 맨션이라 너무 비싸다. 반면 거리 안에 있는 오래된 건물은 대부분 건축한 지 50~60년 된 것이어서 노후한 상태고 부동산 시장에도 나오지 않는다.

청년이 살고 싶은 합리적인 물건이 압도적으로 부족하다. 료칸도 비슷한 문제를 겪고 있다. 직원들이 살 수 있는 숙소를 찾기 어렵다. 좋은 집을 제공해야 즐겁게 일할 텐데 사정이 여의찮은 것이다.

그래서 공유주택 계획을 세웠다. 재미있는 일이 일어나고 있는 거리에서 다양한 사람들과 만나 교류하며, 지역에 애착을 갖고 정착

할 수 있는 장을 제공하고자 한다.

아타미 긴자의 건물들은 1층은 거의 채워져 있지만 2, 3층은 비어있는 곳이 아직도 많다. 예전에 가족경영을 하던 상점들은 가게 하나에 20여 명의 직원이 살며 일했다고 한다. 주민 수가 지금의 10배 이상 되던 시절의 이야기다.

쇠퇴한 거리에서 상점만으로 재생이 이루어지긴 어렵다. 숙박, 사무실 이용, 주거 등 일상적인 체류자들이 늘고 소비가 늘어야 상점도 살 수 있다. 게스트하우스와 코워킹 스페이스를 만든 것도 그런 이유 때문이다.

아타미의 리노베이션 거리 활성화를 위해서는 중심 시가지의 인구를 늘려야 한다.

공유주택 프로젝트도 게스트하우스를 만들 때처럼 건축물 용도변경 문제가 컸지만 잘 극복하여 추진하려고 한다.

지역과 창업가를 연결하는
현대판 야모리의 역할

아타미 긴자에서 리노베이션 거리 활성화의 성과가 조금씩 드러나면서 다른 권역에서도 비슷한 시도를 하는 사람들이 나타났다.

주식회사 마치모리도 아타미 긴자에 그치지 않고 아타미 전역을 대상으로 사업을 전개할 시점이 되었다.

그러던 중 다른 2곳의 권역에서 각각 전혀 다른 창업가가 추진한 프로젝트가 주변 사람들의 반대 때문에 모두 좌절되는 쓰라린 경험을 했다.

원인은 여러 가지겠지만, 본질적인 문제는 이런 것이었다.

'지역에 새로운 창업자를 건물주 등 지역 주민과 연결할 수 있는 사람이 없으면 리노베이션 거리 활성화는 원활히 진행되지 않는다.

야모리 역할을 하는 사람이 있었다면 프로젝트는 실패하지는 않았을 것이다.'

중간 역할이 필요하다. 그래서 우리뿐만 아닌 일종의 야모리 회사를 만들어야겠다고 생각했다.

우리만으로는 모든 주민과 관계를 형성하기 어렵다. 권역을 특정하는 것처럼 각기 다르고, 개성 강한 야모리 주식회사가 생겨야 한다.

"주식회사 마치모리도 권역을 확장하기보다는 좀 더 아타미 긴자에 집중하여 이곳에서 분명한 성공을 만들자."

7장 마르셰 소개에서도 말했지만, 주민의 이해를 구하고 신뢰 관계를 구축하기까지는 정말로 오랜 시간이 걸린다. 마냥 권역만 넓

히다 보면 주민과 커뮤니케이션을 할 시간이 없다.

이제까지 활동하면서 아타미 긴자의 사람들로부터 정말 좋은 응원을 많이 받았다. 다른 지역의 사람들로부터 비판과 오해를 받아도 이 거리의 사람들이 방패가 되어주고 오해를 풀어주는 일이 늘었다. 정말 마음 든든한 일이다.

그렇기에 이 거리를 압도적으로 성공시켜 누가 봐도 알 수 있는 성공 사례를 만드는 것이 우리의 역할이라고 느낀다. 그런 의미에서 1년 가까이 쉬었던 마르셰도 다시 열기로 했다.

지방 중에서도 작은 아타미라는 거리, 그중에서도 작은 긴자 거리라는 장소의 가치를 높이는 일. 앞으로도 그 일에 더욱 매진할 것이다. 그것이 아타미 중심 시가지를 재생하는 지름길이라고 생각하기 때문이다.

제8장에 소개한 성공 요인

● 작은 권역을 설정하여 구체적인 비전을 그린다.

● 권역 내외에서 끌어들이고 싶은 사람과 비전을 공유하는 장을 만든다.

● 비전을 실현하기 위한 민간 자립 프로젝트를 차례로 권역에 투입한다.

● 거리 변화를 관찰하고 스스로 역할을 찾아 변화시킨다.

● 스스로 일과 삶을 만들고 거리를 바꾸는 핵심 역할은 창의적인 30대가 한다.

● 지역과 창업가를 연결하는 현대판 야모리가 있으면 윈윈 관계가 만들어진다.

제9장

다양한 플레이어가
미래의 지역을 만든다

본격적으로 움직이기 시작한 행정

전국 각지에서 리노베이션 스쿨이 개최되고 있지만 아타미처럼 행정이 아닌 민간이 움직인 사례는 많지 않다. 그렇다고 행정이 이제까지 아무것도 하지 않았다는 것은 절대 아니다.

카페를 오픈한 다음 해인 2013년 리노베이션 심포지엄@아타미가 개최되었다. 건축과 부동산 분야 전문가가 앞으로의 산업을 탐구하기 위해 모인 HEAD연구회*가 주최했다. HEAD연구회 리노베이션 태스크포스 분과는 블루 스튜디오의 오시마 요시히코가 위원장이어서 오시마를 위시한 리노베이션 업계 최첨단의 전문가들과 만날 수 있었다.

시미즈와 시마다의 만남 덕분에 이런 리노베이션 심포지엄을 아타미에서 개최하게 되었다. 건축과 부동산 전문가 100여 명 그리고 아타미의 주민 100여 명 등 약 200명의 사람이 모인 큰 심포지엄

● https://www.head-sos.jp (역주)

이었다.

그 열기를 지금도 기억한다. 아타미가 크게 움직일지도 모른다는 예감이 들었다.

그 뒤 이 움직임이 계기가 되어 다시 시미즈와 HEAD연구회의 협력으로 같은 해에 제1회 리노베이션 스쿨@아타미를 개최했다.

이런 시도에는 언제나 시청 공무원의 협력이 있었다. 리노베이션 스쿨@아타미에는 지금까지 다섯 명의 공무원이 직접 참여하여 함께 건물 재생 사업계획을 세웠다.

한편 시가 행정의 도시정책으로써 리노베이션 거리 활성화에 전면적으로 합류하지 않은 것에는 여전히 씁쓸한 기분이 들었다.

그러다 2016년 드디어 시가 본격적으로 움직였다. 2016년 2월 의회에서 아타미시 사이토 사카에(齋藤栄) 시장이 소신을 표명하며 이렇게 말했다.

"지역자원인 유휴지 및 저이용 부동산 활용 촉진을 위해 새로운 비즈니스 사업을 하기 쉬운 환경을 정비하려고 '리노베이션 거리 활성화 구상'을 책정했습니다.
창업지원 체제 강화와 리노베이션 거리 활성화를 두 축으로 이 아타미에 새로운 산업과 고용을 창출하여 거리 활성화를 만들겠습니다."

아타미의 산업 육성 정책 중심에 리노베이션 거리 활성화가 자리매김한 것이다. 원래 리노베이션 거리 활성화는 민간이 주도해야 하지만 그 추진을 위해서는 행정의 도시정책도 필요하다. 오랫동안 갈망하던 리노베이션 거리 활성화의 구상에 드디어 행정도 함께하기 시작했다.

이는 행정 현장에서 노력한 사람들 덕분이다. 시장이 선언하기 전에 당시 산업진흥실 고야마 미도리 실장으로부터 이런 말을 들었다.

"아타미시의 미래에 강한 위기감을 품게 되었습니다. 행정도 좀 더 진심으로 해야 합니다. 죽을힘을 다해 노력할 테니 이치키 씨도 우리와 운명을 같이할 각오로 함께 해주세요. 부탁합니다."

나도 언제나 그런 각오로 계속 거리 활성화 활동을 했기에 이 말에 크게 감동했다. '행정에도 같이할 동료가 생겼다. 민간이 잡초처럼 설설 기면서 해온 이 일이 드디어 다음 단계로 갈 수 있겠다'고 확신했다.

사이토 시장은 이런 발언도 했다.

"청년 고용의 장을 만들어 지역경제를 활성화하기 위해서는 새로운 비즈니스를 하기 쉬운 환경과 비즈니스를 전개하기 쉬운 환경을 정비해야 하고, 1차 산업을 포함해 다양한 산업구조를 구축해야 합니다.

2015년 구축한 아타미 상공회의소를 중심으로 시, 금융기관, 택지건물취급업협회 및 비영리법인이 연대하여 민관 협동 창업지원 체제를 강화하고 아타미의 매력을 내외에 알려 청년의 지역 정착을 촉진하겠습니다."

거리 활성화 움직임의 배경과 행정의 지원

현재(2018년) 시장인 사이토 사카에는 2006년 43세 나이로 시장에 취임했다. 시장이 되고 바로 아타미시의 재정위기 선언을 했다. '제2의 유바리*인가'라며 미디어에 회자되었다. 그 뒤에 지역 주민들이 반대하여 선언 자체가 철회되었다.

그러나 시 재정이 위기인 것은 사실이었다. 재정 악화로 적립금이 거의 바닥난 상황이었다. 그때까지의 시정은 재정 긴축, 세출 감소가 아니라 이벤트를 통해 관광객을 늘려 세입을 늘리는 방향으로 전개되었다. 그러나 많은 관광 진흥책을 내놓아도 관광객 수는 회복되지 않았다.

그런 와중에 어쨌든 폐쇄적인 현 상황을 바꾸고 싶다는 주민의 바람 때문에 지역 출신이 아닌 사이토가 당선된 것이다.

● 2006년 홋카이도 유바리시는 전국 최초로 지자체 파산 발표를 하여 사회적으로 주목받는 위기 지역이 되었다. (역주)

사이토 시장은 아타미의 재정 재건을 내걸고 재정을 시각화하고자 했다. 관은 관의 역할을, 민간은 민간의 역할을 해야 한다는 신념에 기반한 것이다.

그때 시민 활동이 활발해지면서 스스로 뭔가 해보려는 사람들이 나타났다. 마침 나도 아타미에서 활동을 시작했을 무렵이라 그런 자발적인 움직임에 마음이 든든했다. 민도 관도 확실히 변하려는 움직임을 시작한 것이다.

시는 관광전략회의를 만들었다. 이 회의에서 시 관광기본계획을 수립했다. 장기 체류형 세계 휴양지를 만든다는 비전과 전원 참가하는 거리 활성화, 걸으며 즐기는 온천 휴양지, 다시 한번 가고 싶은 거리라는 전략이 세워졌다. 온파크 개최도 안건 중 하나였다.

관광전략회의에는 시장을 비롯하여 관광협회, 상공회의소, 료칸조합 등 주요 단체 사람들이 참가했다.

비전과 전략은 나도 크게 찬성하는 것이 대부분이었다. 그 뒤 온타마 개최에 앞서서 회의에 참여했던 관광업계 리더들에게 이 방침이 미리 공유되었기 때문에 큰 도움이 되었다.

정부 관광백서에 제시된 아타미 재생을 이룬 구체적인 시책도 '재정위기를 계기로 위기의식 공유, 리더 주도의 관광전략 합의'를 들고 있다.

재정 재건과 함께 민간으로부터 관광 마을 만들기를 추진하는 것이 시의 방침이다. 그러나 큰 방침을 내걸어도 구체적인 실천이 없으면 거리는 바뀌지 않는다. 그것을 담당해 온 것이 민간이 관광에 관여하는 움직임이며, 그중에 하나로 우리의 활동이 크게 기여했다.

관광백서에 아타미 재생의 구체적 시책으로서 또 하나 기재되어 있는 것이 있다.

"관광 관련자들 간에 공통 프로모션의 필요성을 공유하고, 청년층을 신규 고객 타깃으로 선정."

그런 시책은 사이토 시정 2기부터 시작되었지만, 키맨이 된 것은 경제 산업성 출신인 32세 다나베 구니하루(田邊国治) 전 부시장이었다.

부시장은 전략적 프로모션을 실행하기 위해서 각 현장과 거리의 리더들과 관계를 구축하고, 시책을 추진하는 체제를 만들었다. 또한 다나베 부시장이 오고부터 시가 내놓은 정책이 원활하게 의회를 통과했다.

거리의 사람들과 관계를 깊게 형성하자는 부시장의 자세와 시의회의 세대교체가 맞물려 시너지 효과를 낸 것이다.

다나베 부시장의 존재는 우리처럼 민간 입장에서 아타미 재생 활동을 하는 사람들에게 큰 힘이 되었다. 우리가 진행하는 리노베이션 거리 활성화도 깊게 이해하고 격려해 주었다.

당시 30대였던 다나베 부시장은 거리 재생 현장에서 상공업자, 관광업자를 포함한 사람들과 원활히 소통했다. 그 시기의 우리에게 그리고 이 거리에 정말 필요한 존재였다.

2015년 다나베는 부시장 임기를 마쳤고, 모리모토 가나메(森本要) 부시장이 취임했다. 모리모토 부시장도 경제 산업성 출신이지만 다나베와 다른 타입이었다. 치밀한 행동을 하던 다나베와 다르게 리더십을 가지고 사업을 진행하는 타입으로 새로운 산업을 만들어내기 위해 임업 등에 주력했다. 역시 늘 지원하려는 모습은 항상 큰 힘이 되었다.

ATAMI 2030 회의

2016년 6월 아타미시 주최로 'ATAMI 2030 회의: 아타미 리노베이션 거리 활성화 구상 검토위원회'가 열렸다. 그 후 약 격월 1회 정도로 개최하며, 매회 100명 이상의 사람이 모이는 장이 되었다.

자칫하면 행정 주도 회의 등으로 빠지거나 말뿐인 사람들이 모여 행정에 불만을 토로하는 회의가 아니다.

실제로 아타미에서 무언가 사업이나 활동을 하는 사람들, 혹은 하고 싶은 사람들, 또는 그런 아타미의 움직임에 관심 있고 관여하고 싶은 사람들로 회의장은 매회 뜨거운 열기를 띤다.

매해 식(食)과 농(農), 임업과 에코 삶, 바다·산·자연의 움직임을 바꾸다, 예술과 사람과 거리 등 새로운 테마를 중심으로 회의를 진행한다. 테마에 관해 행정이 추진하는 내용을 발표하고, 관련자를 초빙해서 다른 지역 사례를 듣고, 지역 내에서 관련 활동을 하는 사람의 발표를 듣고, 회의장에서 의견 교환을 하는 식으로 진행한다.

　전문가, 건물주, 거리 활성화 활동가 등 수십 명의 위원이 있지만, 누구나 참여할 수 있으며 발언할 수 있다. 유튜브 송출도 한다.

　"아타미에 관심 있었는데 이 회의에 참여하고 나서 아타미로 이주를 결정했다."

　"회의의 열기를 느껴 아타미에 가게를 내려고 한다."

　이렇게 말하는 사람들도 있다.

　회의의 이름 '2030'은 2030년을 의미한다. 이대로 간다면 아타미의 2030년은 지금 이상의 심각한 과제에 직면하고 만다. 인구는 정점 때의 반이 되는 2만 7천 명 정도로 줄고, 빈집도 70%를 넘어가고 만다.

　2030년은 단순히 지금의 연장선이 아니다. 머지않은 미래에 찾아오는 2030년의 아타미를 스스로 만들자는 취지하에 그 구체적인 모습을 그리는 것이 ATAMI 2030 회의의 개최 목적이다.

　나는 활동을 시작했을 때부터 2030년이 목표였다. '100년 후에도 풍요로운 삶이 가능한 거리를 만들자.' 그 분기점이 2030년이므로 그때까지 한 획을 긋고 다음 세대로 넘기자고 생각했다.

　내가 2007년부터 10년간 진행한 거리 활성화가 이때 하나의 결실을 보고, 다시 새로운 시작이 이루어질 것으로 생각했다.

창업지원 프로그램 99℃

ATAMI 2030 회의의 그 많은 플레이어가 그냥 생긴 것은 아니다.

시미즈가 주최하는 야모리 회사 육성 프로그램 아타미 야모리 쥬쿠, 혹은 이제까지 몇 번이고 소개한 리노베이션 스쿨 등 그런 활동의 효과 때문이다. 거기에 또 하나 큰 힘을 발휘한 것이 창업지원 프로그램 99℃다.

정식 명칭은 '99℃: Startup Program for ATAMI 2030'이다. 아타미의 2030년을 만드는 창업가를 지원하는 프로그램이다. 프로그램 개발을 위해 도쿄의 비영리법인 ETIC의 협력을 받았다.

99℃는 4개월간 매주 수요일 밤에 2~3시간 프로그램을 진행한다. 실제 사업계획을 만들고 사업 상담도 할 수 있다. 멘토는 단순한 전문가가 아니라 모두 스스로 사업을 추진하여 성공과 실패의 경험을 한 사람들이다.

4개월간 사업계획만 만드는 것이 아니라 실제 사업 실행을 독려한다. 그리고 프로그램의 마지막에 ATAMI 2030 회의에서 그 성과를 발표한다. 2017년 2월 회의에는 창업가 25명 등의 플레이어가 발표했다.

99℃에서 소중히 여기는 것은 단순 창업이 아니다. 창업은 누구나 할 수 있다. 그러나 그것을 지속하는 것은 어려움의 연속이다. 그렇기에 지속해서 발전할 수 있는 사업을 만드는 것을 목표로 하고 있다.

ATAMI 2030 회의 2016년도 파이널

창업가를 만드는 것뿐만 아니라 기업이 자랄 수 있는 생태계를 만드는 것도 목표다. 창업만 지원해서 사업만 생기는 것으로는 충분하지 않기 때문이다.

창업의 성공 요건에는 여러 가지가 있다. 같은 단계에 있는 창업자 동료, 커뮤니티, 선후배 창업자와의 연대, 금융기관, 건물주, 행정 등 다양한 사람과의 네트워크 같은 환경이 있어야 기업이 계속 만들어질 수 있다.

그래서 99℃ 프로그램은 지역 경영자나 금융기관 등의 사람들도 참여하도록 한다. 그리고 해변의 아타미 마르셰 같은 실제 현장에서 고객을 만나 장사를 체험하도록 하며 테스트 기회도 제공한다.

전국 각지에 창업지원금을 주고 인건비를 지원하는 시책이 있지만 이것만으로는 창업가를 키울 수 없다. 스스로 사업을 만들 수 있도록 이를 뒷받침하는 장치가 필요하다.

2030년까지 창업지원으로 아타미에 새로운 기업 10개를 만들어 총 수백억 엔 이상의 산업을 만드는 것이 내 목표다.

새롭게 생겨난 야모리와 창업가들

99℃와 야모리쥬쿠, 리노베이션 스쿨에 의해 새로운 플레이어가 속속 생기고 있다.

임업을 기반으로 지산지소 에너지 사업을 하려는 사람, 조부가 아틀리에로 사용하던 옛 주택을 리노베이션하여 크리에이터 대상의 합숙 시설을 개업하는 사람, 요양 택시 사업을 시작으로 이동이 어려운 사람 대상의 관광사업에 착수하는 사람, 음식점을 개업한 사람도 있다.

별장지 등의 빈집을 재생하여 아타미에 이주하고 자신다운 삶을 디자인하는 것을 지원하기 위한 부동산 사업을 하려는 사람도 있다. 빈집이 생겨버린 '시장의 실패'를 사업의 힘으로 바꾸려는 도전이기도 하다.

아타미에는 좋은 음식점이 많지만, 음식 분야에서도 새로운 플레이어가 나오고 있다. 아타미처럼 초고령화하는 지역에는 건강에 효과 있는 건강식이 절실하지만, 이제까지 유기농 등과 같은 건강에 공헌하는 식문화는 좀처럼 생기지 않았다.

그러던 중에 별장과 이주자 등의 사람을 대상으로 고급식 케이터링을 제공하는 사업을 하겠다는 사람이 나타났다. 이런 사업이 생기면 새로운 시장이 생길 가능성도 높다. 그 뒤를 이어 도전하는 사람도 등장했다. 노포를 물려받아 새로운 사업을 모색하는 사람도 있다.

스스로 위험부담을 안고 움직이는 건물주

아타미 긴자를 재생해 온 리노베이션 거리 활성화에 있어서 건물주는 중요한 플레이어다. 주식회사 마치모리가 하는 아타미 긴자의 리노베이션 안건은 마치모리가 투자의 모든 것을 실행하고 건물주와 위험부담을 분담하여 투자도 부담한다.

우리 회사가 관여하는 사업 외에 건물주가 스스로 리스크를 안고 투자하며 사업을 진행하기도 한다. 아타미 긴자에서 걸어서 몇 분 안 걸리는 거리의 바다에 접한 나기사정(渚町)이라는 지역에서는 그런 사업이 2개나 설립되었다.

나기사정은 쇼와 초기*에 만든 단나(丹那) 터널에서 나온 흙으로 메워서 생긴 역사가 오래된 장소다. 1950년 아타미 거리가 대화

---

* 쇼와 시대는 1926~1989년까지의 시기이다. (역주)

나기사 아트 대표 요시다 나오

재로 대부분 소실되었으나 이곳은 화재를 피해 지금도 오래된 목조 점포 겸 주택이 밀집해 있다.

쇼와 시대에는 번화가로 번성했고 그 후 쇠퇴하고 있다. 해변이라는 좋은 입지에도 술집 등 유흥가 상점이 차례로 폐쇄되고, 지금은 중심 시가지 중에서도 가장 임대료가 낮은 지역이 되었다.

그런 이 나기사에 생긴 것이 건물주 요시다 나오(吉田奈生)의 나기사 아트(nagisa Art)라는 사업과 마찬가지로 건물주인 차다 쓰토무(茶田勉)의 차우스(Chause)라는 사업이다.

이 두 개의 사업도 각각 2013년 제1회 리노베이션 스쿨, 2014년 제2회 리노베이션 스쿨에서 나온 아이템이다.

요시다는 리노베이션 스쿨에 참가하여 '나기사 아트가 사는

로컬 리노베이션: 아타미의 거리 활성화

거리 구상'을 제안했고, 그것을 구현하여 아틀리에와 주거를 결합한 나기사 아트 프로젝트를 시작했다.

요시다가 소유한 건물에는 이전에는 2개의 술집이 있었지만, 10년 전부터 두 곳 모두 빈 점포가 되었다. 비어있는 상태 그대로인 점포 1, 2층에 발 디딜 틈 없을 정도로 물건이 가득 차 있었다.

리노베이션 스쿨 참여자를 중심으로 총 20여 명이 청소 워크숍을 하고 DIY 공사를 하여 사용할 수 있는 공간이 되었다. 미대 학생들이 2013년부터 시작한 아타미 아트 위크에서 이곳에 머물며 전시회를 하고 예술을 통해 주민들과 연대를 형성했다.

그 후에 아타미에 이주해 온 예술가가 살며 작업실로 활용하게 되었다. 지금은 새로운 입주자를 모집 중이고, 이후에도 예술을 통해 이 지역에서 활동하기를 바라고 있다.

차우스는 원래 차다의 본가에서 경영하는 회사가 사무실로 사용했지만, 사무실이 이전하면서 비어있게 되었다. 리노베이션 스쿨에서는 도에 작가의 작업실로 하자는 계획이 나왔다. 이 프로젝트도 스쿨 참여자의 도움으로 현실화되었고, 지금은 그릇 가게와 카페가 입점했다.

주식회사 마치모리 대표이자 무사시노미술대학 강사이기도 한 현대미술 작가 도이다 유(戸井田雄)가 여기를 거점으로 예술 활동을 하려고 회사도 만들어 작업실로 활용하고 있다.

도이다는 지금도 니가타와 벳푸 온천지의 예술 이벤트인 곤류 온천문화제(混流溫泉文化祭)를 아타미에서 개최하는 등 활발한 예술 활동을 하고 있다.

한때 술집이 넘쳐나던 지역을 같은 업종으로 재생하는 것은 곤란하다. 물론 예전 분위기가 있어 재미있는 풍경이 될 수도 있지만, 요식업과 다른 사용 방식을 모색하여 예술 활동과 물건 만들기를 하는 사람이 모여 창작하는 풍경을 볼 수 있는 공간이 생긴다면 이 지역에 새로운 매력이 더해지지 않을까.

이처럼 건물주가 스스로 움직이는 것은 지역재생에 있어서 대단히 든든한 일이다.

V자 회복의 배경에는 세대교체가 있다

우리의 활동이 잘되고 지역이 V자로 회복한 것은 플레이어의 세대교체가 원활했기 때문이다.

시장과 시의회 교체에 관해서 말했지만, 관광업계도 세대교체를 했다. 2008년 관광협회 회장에 41세인 아타미주라쿠호텔 사장 모리타 가네키요(森田金清)가 취임했다.

관광전략회의 멤버이기도 한 모리타를 만났을 때 "(일 년에 몇 번이나 개최되는) 불꽃놀이에 손님이 많이 오긴 하는데 그렇다고 언제까지 불꽃놀이에만 의존할 것인가. 앞으로의 관광은 거리 만들기가 중요하다"라고 말한 것이 인상적이었다.

관광협회가 사이토 시장과 대립할 때는 미디어에 보도되는 등 재미있고 우스운 소동이 일어나기도 했지만, 2007년 시장이 만든 관광전략회의에는 모리타 회장도 참가하여 관과 민의 공통 이해관계가 형성되기도 했다.

그 후 아타미의 상점가에서도 서서히 세대교체가 진행되었다.

2014년 나는 모리타 회장으로부터 "부회장을 맡아달라"라는 말을 듣고 미력하지만 관광협회 부회장을 4년간 맡았다.

아무것도 공헌한 것 없는 것 같은 기분이 들긴 하지만, 관광협회 회장과 다른 부회장들이 정말 뛰어난 경영자로서 훌륭한 공공 마인드를 가지고 거리의 일과 관광을 생각하는 것을 가까이에서 느끼게 되어 정말 좋은 경험이었다.

관광협회의 제일 큰 변화는 그때까지 시의 위탁사업과 보조금에 의존하던 관광진흥사업에서 자주사업 비율을 늘린 것이다. 전국 어디나 보조금 의존 상태인 것이 관광협회의 실정이지만, 제한적인 그 환경에서 탈출하기 위해 다양한 시책을 마련했다.

2016년 관광협회 결산에서는 시의 보조금과 위탁사업 수입보다 자주사업 수입이 더 많은 것으로 나타났다.

관광협회, 료칸조합, 상공회의소 3곳이 각각 따로 놀던 시대도 있었지만, 지금은 아타미 진흥을 위해 협력 구조를 만들었다. 새로운 세대의 시대에 들어서면서 강한 위기의식을 공유했기 때문이다.

30, 40대로서 직면한 지역 현실은 위기 상황이었다. 그래서 위기감을 가지고 각각 물려받은 사업을 수정해 왔다. 그중에는 업태를 전환하고 다른 가게를 시작한 사람도 있다.

예를 들어 역 앞 나카미세(仲見世) 상점가의 변화는 대단한 것이었다. 20년 전에는 컴컴한 상점가였던 곳이 2003년 카페 키치(CAFE KICHI), 빵집 쥬쿠온(樹久遠)이 생기면서 변하기 시작했다. 지금은 센스 있는 좋은 가게가 차례차례 생기고 있다. 그것도 모두 외지인이 아닌 지역 사람들이 시작한 가게다.

2003년 직장인이었을 때 아타미의 거리를 걷다가 카페 키치를 보고 기뻐했던 기억이 있다. 원래 창고였던 곳을 카페로 개조한 곳이다.

지금 아타미의 재생은 이런 사람들의 착실한 노력의 결과다. 아타미가 침체되어 있던 2000년대 전후반에 그런 개혁은 수면 아래에서 진행되고 있었고, 2011년부터 효과가 나기 시작했다.

세대교체가 원활하게 이루어지고 있지만 앞 세대의 지원은 대단히 중요하다. 그들의 지원 없이 사업을 발전시키기 어렵다는 것을 고려할 필요가 있다.

아타미뿐만 아니라 전국 어디라도 무언가를 바꿔야 하지만 바꾸기 어려울 때 원인을 잘 찾아보면, 앞 세대가 압박하여 차세대가 무거운 책임감만 느끼고 움직일 수 없는 경우가 왕왕 있다.

그런데 아타미에서는 앞 세대가 새로운 세대를 방해하는 것이 아니라 오히려 백업하는 방향으로 힘을 모아주었기 때문에 세대교체가 잘 이루어졌다. 이는 아타미의 좋은 지역 풍토인지도 모른다.

2030년을 바라보는 앞으로가 진짜 시작이다

지역의 세대교체도 일어나고, 지역의 새로운 리더들에게도 협력 받고 지원받으면서 우리의 거리 활성화 활동도 점점 눈에 보이는 변화를 끌어내게 되었다.

그러나 관광지, 리조트지로서의 가치 향상은 이제부터 시작이다. 2030년에 세계가 선택하는 거리가 되기 위해서는 해야 할 일이 너무 많다.

특히 관광지로서 아타미다운 육아 방식, 바람직한 교육, 지역 식문화, 양질의 음식과 콘텐츠 등에 관한 고려가 중요하다.

아타미에는 아직 요식업의 가능성이 있고, 이즈반도에는 풍부한 식자재가 있다. 도쿄에서 보면 시즈오카현 입구에 위치한 아타미지만, 시즈오카현은 그 자체에서 생산하는 식자재가 일본 최고라는 평가를 받고 있다. 이런 식재료를 살려서 지역다운 식당 거리도 만들고 싶다.

앞으로의 아타미는 '관광과 이주 사이의 다양한 삶의 방식이 가능한 거리 만들기'가 중요하다. 일자리 개혁 논의가 쟁점인 사회 분위기 속에서 지방을 거점으로 일하기 등 다양한 일자리 방식도 펼쳐질 것이다.

지방과 기업의 좋은 관계도 모색하고 싶다. 한때 휴양소 등이 한꺼번에 철수하여 지역이 쇠퇴했다. 기업이 그냥 단순히 들어왔다가 상황이 악화되면 바로 철수하곤 했다. 그렇게 되지 않으려면 기업과 지역의 관계가 돈독해지고 지역에서도 새로운 산업 만들기가 가능해져야 한다. 앞으로는 창의적인 기업이 아타미에 본사와 위성 사무실을 두는 미래를 상상해 본다.

일자리 방식뿐만 아니라 삶의 방식의 다양성도 추구해야 할 것이다. 돈과 시간적 여유가 충분한 시니어들이 별장 짓는 곳이 아니라 20, 30대 젊은 세대도 당연한 것처럼 주말은 아타미에 와서 지낼 수 있는 환경을 만들고 싶다.

이런 상황에 대비하여 게스트하우스뿐만 아니라 더욱 다양한 주거지와 사무실 방식을 만들고 싶다.

숙박 형태도 다양해질 수 있다. 게스트하우스 마루야를 설립할 때 미래 구상을 논의한 적이 있다. 하나의 숙박지로 완결하는 것이 아니라 확장하자는 것이다.

아타미에는 에도 시대에 유코(湯戸)라고 부르던 숙박지 17개가 있다. 중심가에 있는 오유(大湯)의 온천수를 사용하여 당시에는 획기적인 숙박지였다. 공동목욕탕을 이용하는 것이 당연한 시대에 각 숙박지에 욕조를 만든 것이다. 신분 높은 사람이 묵는 고급 비즈니스 모델이 생긴 곳이 바로 여기 아타미다.

앞으로 아타미에서는 단순한 고급 모델이 아니라 보다 양질의 가치를 추구하는 창의적 감성을 가진 사람들을 대상으로 한 비즈니스가 전개되어야 한다. 그런 사람들은 거리를 접하고 거리 문화를 체험하며 가치를 느낄 수 있다. 즉, 좋은 체류 문화를 만드는 것이 중요하다.

오래전 유코가 새로운 모델을 만든 것처럼 앞으로 만들 수 있는 새로운 숙박 방식은 무엇일지 고민했다.

"마루야를 허브로 17개의 숙박지를 네트워킹하자. 하나하나의 숙박지는 작아도 좋다. 빈집과 쇠락한 작은 료칸을 네트워크로 연결하여 다양한 체류 방법을 만들자. 그리고 료칸과 음식점을 연결하여 거리 전체를 하나의 숙소처럼 만들자. 단기, 중장기 체류를 자유롭게 하다가 이주할 수도 있는 체류 방식을 만들자."

거리 전체가 숙소인 방식은 이탈리아의 '알베르고 디푸소'●가 모델이다. 그런 가치관을 공유하는 사람들, 아타미 거리 활성화에 참여한 시마다 요헤이와 오시마 요시히코, 나카무라 아쓰요시 등과 함께 2017년 전국 단체로서 일반사단법인 일본 마치야도협회를 발족했다.

이렇게 숙소를 통한 거리 재생을 고민하는 사람들과 관련 법제도 제안하려고 한다.

● 알베르고 디푸소(Albergo Diffuso)에 관해서는 https://www.alberghidiffusi.it 참조. (역주)

진정한 리조트를 목표로

주식회사 마치모리와 비영리법인 아타미스타 활동은 초기에는 예산도 적고 보조금과 위탁사업 등 세금에만 의존했다. 그러나 매출이 1억 엔(약 10억 원)을 넘으면서 순수익도 발생했다.

주식회사 마치모리는 아타미의 미래의 숙소 방식과 바람직한 온천의 모습 그리고 요식업의 발전을 고민하여 새로운 서비스 산업을 제시하고자 한다. 그 연장선상에서 숙박, 온천, 음식 등 새로운 업태 개발을 위해 노력하고 있다. 거리 활성화는 거리의 콘텐츠 만들기이기 때문에 끊임없이 새로운 업태의 장사에 도전할 필요가 있다.

그런 과정에서 지역의 팬을 만들고, 지역에서 일하며 살 수 있는 사람을 육성하고 싶다. 이 일을 통해 100년 후에도 풍요로운 삶이 가능한 거리를 실현하고 싶다.

리조트는 본래 '다시 가는 장소'라는 의미다. '몇 번이고 방문하는 장소'로서 리조트가 있는 거리를 만들고자 한다.

제9장에 소개한 성공 요인

- 리노베이션 스쿨에서 거리의 건물주가 위험부담을 안고 실천한다.
- 민간 마인드가 있는 행정과 공공 마인드를 가진 민간이 연대하여 변화가 가속된다.
- 창업가가 생기는 환경이 만들어져야 창업의 연쇄가 일어난다.
- 지역의 재정위기 선언에 따른 위기 공유와 전략 공유를 통해 변화가 시작되었다.
- 지역재생 이면에는 플레이어의 세대교체와 스스로 개혁해 온 사람들의 노력이 있었다.
- 앞 세대가 새로운 세대로의 세대교체를 뒷받침했다.
- 거리 활성화에 성공과 목표는 없다. 항상 앞을 보고 지금 할 수 있는 것을 한다.

도시국가처럼 서로에게 번영을

외 지 인 이 아 타 미 의 매 력 을 만 들 어 왔 다

아타미라는 장소는 외지인에 의해 발전해 온 역사가 있다. 에도 시대의 다이묘가 메이지 시대에 귀족이 되었다. 아타미는 그들의 별장지였다. 그 후에는 정치가와 작가들도 이곳에 별장을 지었다. 예전의 아타미는 온천 관광지라기보다는 별장지였던 것이다.

지금의 오래된 료칸의 경영자 선조들은 대부분 에도 시대와 무로마치 시대*에 이 지역으로 온 외지인이었다.

이런 역사적 연원을 생각해 보면 아타미의 문화는 외지인이 가져온 새로운 문화가 지역의 문화와 어울리며 만들어진 것이다.

아타미라는 거리에는 역사적인 배경이 있다.

● 무로마치 시대는 1336~1573년까지이다. (역주)

아타미의 기노미야신사(来宮神社) 참배길에 온천이 발견되며 거리가 형성되었다. 오랜 시간을 거치며 원래의 참배길은 아타미 긴자라는 중심가가 되었다.

뒷골목의 찻집에는 88세 마스터가 있고, 90대 할머니가 운영하는 재즈 찻집이 있고, 거기에서 조금 더 가면 원래는 유곽이었던 건물이 남아있어 마치 쇼와 시대로 돌아간 듯한 느낌이 든다.

이 거리의 문화는 이런 역사가 자연스럽게 축적되며 점점 바뀌어 왔으며, 지금도 시간이 지층처럼 쌓이며 만들어지고 있다.

이 거리에서는 다양한 사람을 만날 수 있다. 술집에 가면 지역의 여러 사람과 만날 수 있고, 때로는 모 대기업 사장이 불쑥 취객들과 섞여 어울리기도 한다. 인생의 달콤함과 쓸쓸함을 지금 맛보고 있는 모습을 직접 볼 수 있다.

아타미라는 거리는 정말 다채롭다. 각양각색의 사람이 다양한 삶을 살고, 으쓱대지 않으며 자유롭게 살아간다.

생활과 일, 프라이버시와 비즈니스 같은 구분 없이, 경계 없는 융통성 있는 시간 속에서 사는 사람이 많다. 이런 아타미의 매력에 빠지는 사람이 모쪼록 늘었으면 좋겠다.

그리고 아타미에도 지지 않을 정도로 매력 있는 지방의 거리가 점점 많아지고 오랫동안 발전하면 좋겠다.

우리는 그런 바람으로 오늘도 거리 활성화를 계속한다.

2030년 아타미의 풍경과 이 나라의 풍경

2030년 아타미는 독립한다.

나는 이런 미래를 그린다. 앞으로 거리가 어떻게 자립해야 하는가가 중요하기 때문이다.

자립은 독립을 의미하는 것이 아니다. 또한 아타미만 번영하면 그만이라는 것도 아니다. 일본 각지도 독립하여 에도 시대의 번처럼 자립하는 존재로서 서로 성장하면 좋겠다.

그러기 위해 우선 아타미를 성공시키고 싶다. 그 성공으로 전국 각지에 자극을 주는 그런 존재가 되고 싶다. 전국에 자립한 거리가 늘면 국가 전체의 느낌도 지금 같지는 않을 것이다.

아타미와 같은 거리를 만드는 것이 아니라 각 지역이 나름의 특색을 살려서 독립하고, 서로 도움을 주는 존재로 교류하면 좋겠다.

국내에서 소규모지만 치밀한 무역이 가능할 수도 있고, 지역 사람들이 서로 활발하게 왕래하는 관계를 구축할 수도 있다. 그것이 새로운 관광의 스타일일지도 모른다.

그런 교류 속에서 아타미의 문화가 더욱 빛나게 되면, 세계에서 사람이 찾아오는 거리가 되는 것도 가능할 것이다.

한 사람만으로도 거리는 바뀌고
사회가 변한다

이 책은 아직 진행 중인 우리의 경험을 소개했다. 앞으로 계속 도전할 것투성이지만, 전국의 쇠퇴 지역 활성화에 조금이라도 도움되면 좋겠다는 생각으로 가감 없이 이야기했다.

낡은 거리를 그냥 부숴버리거나 낡은 거리에 그냥 연연하는 것이 아니라 거리의 장점을 새로운 가치관으로 발견하고 살리는 것이 리노베이션 거리 활성화다.

일본의 지방에는 각각 독자의 역사가 있고 자연이 있고 문화가 있다. 그 개성을 새로운 관점으로 수정하여 거리를 재생하는 열쇠를 발견하는 것은 불가능한 일이 아니다.

거리라는 지방사회를 활성화하기 위해서 리노베이션으로 보다 장점을 살린 비즈니스를 일으키는 거리 활성화는 모든 지방 도시에서 실행할 수 있는 방법이다.

물론 리노베이션 거리 활성화는 마을 만들기의 하나의 방식이다. 이렇게 하면 실패한다는 마을 만들기 방식도 많다. 성공 방식을 찾는 것은 그만큼 어려운 일이다.

또한 해결책과 노하우에도 그 이면에 성과를 만들어낼 수 있는 전제와 배경이 있다. 그 배경을 이해하지 못하고 무작정 성공 사례를 모방해서는 안 된다.

솔직히 말하면 "이 책을 읽고 결코 그대로 흉내 내지 마세요"라고 전하고 싶다. 대단한 벌이도 계획도 없이 생각만으로 달려들어 활동과 사업을 시작하고 10년 이상 달려온 우리 경험을 돌아보면 꽤 무모했다는 생각이 든다. 10년 전의 나에게 조언한다면 "벌 수 있는 일부터 해라. 그렇지 않으면 계속 가지 못한다"라고 말할 것이다.

나는 무슨 일이 있어도 어떤 곤란에 부딪혀도 결코 아타미 거리 활성화를 포기하지 않을 확신이 있었다. 포기를 생각한 적은 한 번도 없다.

그런 자세가 아니라면 거리 활성화가 가능하지 않을 것이며, 자신과 주변의 누군가를 희생시켜 좋은 결과가 나오지 않을 것이다.

거리를 바꾸는 일은 시간이 걸린다. 그렇기에 즐겁게 이어가는 것이 중요하다. 그러기 위해서는 버는 일과 마주하는 것이 중요하다.

시간은 걸리지만 상상한 것을 실현하는 것은 가능하다. 단지 한 사람에서 시작해도 지역은 바뀐다. 단 한 사람의 힘만으로는 무엇도 바꾸기 어렵지만, 단 한 사람이라도 일으켜 세우면 공감하는 사람들이 나타나기 때문이다.

일으켜 세우는 것, 부르짖는 것을 무서워하지 말자. 무슨 문제나 가능성을 느꼈다면 움직여라. 깨달은 것의 책임을 생각하라. 그 책임을 물려받아 보라. 그러면 책임 이상의 가치를 얻을 수 있을 것이다.

그리고 될 수 있는 한 큰 미래의 비전을 그려보자. 생각하는 것은 자유다. 미래를 망상하는 힘도 중요하다.

단, 첫걸음은 될 수 있으면 작게 내딛는 것을 추천한다. 항상 생각만 한다면 아무것도 일어나지 않는다. 어떤 액션이라도 취한다면 무언가 일어난다. 너무 큰 걸음이면 큰 상처를 받을 수 있으므로 넘어져도 다시 도전할 수 있는 정도의 한 걸음을 내딛길 바란다. 뜻은 크게, 걸음은 작게.

이 책을 읽고 무언가 한 걸음이라도 내딛는 사람이 단 한 명이라도 나오면 좋겠다.

작지만 단단한 성과 축적이 중요한
로컬 리노베이션

1. 인구 3만 명 쇠락한 온천 관광지의
극적인 변화

2018년에 출판된 이 책은 2007년에 귀향한 저자가 10년간 지역재생 활동을 한 과정을 기록한 것이다. 출간 후 지금까지 이 책이 꾸준한 인기를 끄는 이유는 아타미가 원래 수도권 인근의 유명한 온천 관광지이고, 망한 관광지가 극적으로 살아난 사례로서 많은 사람에게 희망을 전했기 때문이다.

인구 3만여 명의 소도시에서 변화가 시작된 것은 2010년 비영리법인 '아타미스타'가 설립되면서부터다. 외견으로 보면 카페, 게스트하우스, 코워킹 스페이스가 설립되었고, 지금은 공공주택건설을 통해 청년 유출을 막고 좀 더 많은 관계인구를 수용하면서 더 나아지기 위해 노력하고 있다.

그러나 외부적인 이런 변화의 이면에는 변화에 대한 좀 더 내밀한 고민과 수많은 주체의 협력이 있었다. 한 명의 뛰어난 사람이 혼자 지역변화를 촉진하고, 대단한 시설이 있어서 많은 사람이 오는 것은 아니기 때문이다.

2. 로컬 리노베이션의 단계별 성공 요인

이 책을 번역한 이유는 로컬 리노베이션의 결과보다 과정을 소개하고 싶었기 때문이다. 저자의 경험을 하나의 스토리텔링으로 읽는 것도 중요하지만, 각 장의 마무리 부분마다 제시된 성공 요인을 로컬 리노베이션의 화두로 고민하는 것이 훨씬 더 중요하다.

기왕에 역자 후기를 작성하는 김에 총 9장에 제시된 성공 요인을 다시 한번 재구성하면 다음과 같다.

외부환경 변화의 파악 단계
- 고객의 니즈 변화 트렌드를 파악한다.
- 여행 체험에 대한 기대가 높아지는 시대이다.
- 단체 여행에서 개인과 가족의 체험과 교류를 중요시하는 식으로 여행 방식이 변화하고 있다.
- 앞으로의 지방 관광은 관광객 수보다 관광 소비 총액이 중요하다.

준비 단계

– 거리의 역사와 상태를 알고 본질적인 문제를 파악한다.

– 문제의식을 소중히 한다.

– 스스로 몰두할 수 있는 것을 일로 한다.

– 민간의 거리 활성화로 고향을 바꾸자고 결심한다.

– 바로 가능한 일, 해야 할 일부터 시작하면 다음으로 할 일이 보인다.

자금 투입 단계

– 거리 전체를 회사로 보고 우선 경비를 절감하여 투자금을 확보한다.

– 사업 성공을 위해 초기 투자를 최대한 줄인다.

– 보조금에는 악순환의 리스크가 있다.

주민 협업 단계

– 주민 의식 개혁으로 거리 이미지가 좋아졌다.

– 주민의 만족도를 높여 관광객 만족도 향상을 도모한다.

– 거리를 바꾸기 위해서는 합의 형성보다 보고 느끼고 나서 바꾸게 하는 것이 중요하다.

– 스스로 일과 삶을 만들고 거리를 바꾸는 핵심 역할은 창의적인 30대가 한다.

– 지역재생 이면에는 플레이어의 세대교체와 스스로 개혁해 온 사람들의 노력이 있었다.

건물주와 협업 단계

- 거리 활성화의 목적은 지역의 가치 향상, 즉 부동산 가치 향상이다.

- 거리를 활성화하여 최종 이익을 얻는 것은 건물주다. 따라서 거리 활성화는 건물주가 해야 할 일이다.

- 뜻있는 건물주와의 만남이 중요하다.

- 거리의 과제와 문제의 원인을 항상 생각하며 일한다.

지역의 팬 만들기 단계

- 사람을 불러들이는 중요한 요소는 거리 그 자체의 매력이다.

- 거리 활성화는 팬 만들기부터 시작된다.

- 주민이 지역을 즐기는 투어로 지역 팬이 생겼다.

- 크라우드펀딩, DIY, 출자 등으로 사업 참가자를 늘리고 끌어들인다.

- 참여자의 높은 만족도가 지역 이미지 향상에 연결된다.

- 변화의 징조를 파악하여 거리에 새로운 콘텐츠를 만들어 새로운 선수를 불러들인다.

- 지역 리노베이션은 새로운 플레이어가 새로운 방식을 쓰는 것이다.

- 도전을 지원하고 유연한 연결을 만들면서 도전이 이어진다.

- 성공하기 위해서는 네트워크를 철저히 활용한다.

장소 만들기 단계

- 작은 권역을 설정하여 구체적인 비전을 그린다.

- 권역 내외에서 끌어들이고 싶은 사람과 비전을 공유하는 장을 만

든다.

- 거리 재생을 위해서는 도전하고 싶은 장소 만들기가 이루어져야 한다.

- 거리에 재미있는 사람들이 모이는 거점을 만든다.

- 재미있는 가게가 하나 생기면 거리에 변화가 생긴다.

- 게스트하우스의 팬보다 거리의 팬을 만든다.

- 게스트하우스의 손님이 자연스럽게 거리와 접점을 가지도록 기획한다.

- 거리에 있는 사람들이 즐거워하는 모습이야말로 거리의 디스플레이다.

운영 단계

- 리노베이션 거리 활성화는 재개발보다 속도가 빠르고 가성비도 높다.

- 민간의 거리 활성화는 비즈니스 방법으로 사회를 바꾸는 수단이다.

- 민간이 이익을 내야 지속가능한 거리 활성화가 이루어진다.

- 거리의 부족한 기능을 찾아 사업화한다.

- 문제해결과 수익 창출의 두 바퀴가 있어야 민간에 의한 거리 활성화가 이루어진다.

- 민간 마인드가 있는 행정과 공공 마인드를 가진 민간이 연대하면 변화가 가속된다.

- 장사는 고객과 마주하고, 수치와 마주하고, 직원과 마주하며 경영

하는 것이다.

- 사업 콘셉트와 고객 타깃을 명확하게 그린다.

- 이익이 생기지 않는 사업은 실패로 생각하고 바로 접는다.

- 비전을 실현하기 위한 민간 자립 프로젝트를 차례로 권역에 투입한다.

- 거리 변화를 관찰하고 스스로 역할을 찾아 변화시킨다.

- 지속가능한 사업을 만들기 위해서는 탁상행정 사업보다 민간이 주도하는 사업이 필요하다.

- 창업가가 생기는 환경이 만들어져야 창업의 연쇄가 일어난다.

- 거리에 기업이 생기기 위해 창업 다음 단계를 준비한다.

- 진정으로 거리의 재생을 실현하기 위해서는 많은 기업이 만들어져야 한다.

- 거리 활성화에 성공과 목표는 없다. 항상 앞을 보고 지금 할 수 있는 것을 한다.

3. 남의 성공 요인이 내 성공 요인은 아니다

로컬 리노베이션 과정을 외부환경 변화 파악-준비-자금 투입-주민 협업-건물주와 협업-지역 팬 만들기-장소 만들기-운영 단계 등 8단계로 구분했지만, 이 모든 단계를 비영리법인 혹은 민간회사가 혼자 다 한 것은 아니다. 무수한 행위자와의 갈등 조정이나 협력이 필요했다. 그리고 10년 이상의 시간이 걸렸다.

외부환경 변화를 정확히 파악하고, 준비 과정에서 바로 기관을 만드는 것이 아니라 작은 프로젝트를 수행하며 단단히 성과를 다졌다. 그리고 지속해서 지역 내외를 연결하는 포럼을 개최하며 자극을 주고받았다.

또한 주민, 건물주, 행정, 주변 사업가들을 설득했다. 누군가는 반대했고, 누군가는 도와줬다. 우리나라에서도 뭔가 새로운 일을 시작하기도 전에 상상하지 못한 극심한 반대에 부딪혀 좌초되는 경우가 종종 있다. 대도시에서도 그러하고 지방에서도 그러하다.

돈 때문에, 시기와 질투 때문에 혹은 그저 꼴 보기 싫어서 반대한다며 갈등의 골이 지하 천 미터보다 더 깊게 파이기도 한다. 될 때까지 설득해 보라고 요구하기는 어려운 국면이 펼쳐지기도 한다.

그러나 모든 곳이 그러하고 한편으로는 나만 옳은 건 아니라는 사실을 늘 생생하게 환기할 필요가 있다. 세상에 쉬운 일은 없다. 다만, 최선을 다해도 안 되면 떠날 수밖에 없다. 마른행주 쥐어짜듯이 일방적으로 최선을 다한다거나 '영끌'하며 버틸 필요는 없다는 냉정함도 필요하다.

즉, 이 책은 어느 정도의 성공 요인을 제시하지만, 그것은 어쩌면 어떤 지역에서 어느 정도를 감당할 수 있는 어떤 기관의 최선이었을 뿐 내가, 우리가, 여기에서 만드는 성공 요인은 다를 수 있다.

그저, 다양성과 상대성을 견지한 선에서, 어느 지역에서 비영리 기관과 주식회사를 운영한 누군가가 10년간 파악한 8단계 54개의

성공 요인이 우리나라의 어느 지역에서 앞으로 10년 만에라도 10단
계 50개 성공 요인 정도로 만들어질 때, 이 책이 괜찮은 참고자료였
다고 평가될 수 있기를 바란다.

2024년 5월

역자를 대표하여

조희정

아타미의
거리 활성화

로컬
리노베이션

ⓒ이치키 고이치로

초판 1쇄 발행 2024년 5월 31일

지은이 이치키 고이치로
옮긴이 윤정구·조희정
펴낸이 서복경
기획 엄관용
편집 이현호
디자인 와이겔리

펴낸곳 더가능연구소
등록 제2021-000022호
주소 04071 서울특별시 마포구 성지길 36-12, 1층(합정동, 꾸머빌딩)
전화 (02) 336-4050
팩스 (02) 336-4055
이메일 plan@theposslab.kr
인스타그램 @poss_lab

ISBN 979-11-981812-5-1   03300